Ich hätte mein Leben gegeben,

um deines zu retten!

W0213198

Idee und Text: Stephanie Stadelmann
Verlag: SeeDesign GmbH | Oberer Graben 12 | CH–9000 St.Gallen | www.seedesign.ch

Layout und Produktion: SeeDesign GmbH
Umschlaggestaltung: Nicola Zoller

Lektorat: Nicola Zoller

©2021 SeeDesign GmbH

ISBN: 9798357902351, Imprint: Independently published

Alle Rechte vorbehalten, einschliesslich derjenigen des auszugsweisen Abdrucks und der elektronischen Wiedergabe.

Inhalt

Ich konnte nicht verhindern,
dass du uns verlassen musstest,
aber ich kann verhindern,
dass man dich vergisst!

Für dich, meine süsse Malea

Liebe Malea,

Ich habe dir hier ein Buch verfasst, das aus meinem tiefsten Herzen stammt. Es trägt die Inschrift von mir, deinem Mami, und deinem Papi, es ist das Tagebuch unserer Seelen, das wir dir auf den folgenden Seiten unterbreiten. Verfasst aus unbeschreiblich grosser Liebe zu dir, unserem grössten Sonnenschein, der uns geschenkt wurde. Wir sind dir unendlich dankbar, dass wir deine Eltern sein dürfen. Mit jeder Faser unseres Körpers sind wir stolz auf dich, mit jedem Wimpernschlag bewundern wir dich und mit jedem Herzschlag denken wir an dich. Du hast unser Leben mit so viel Energie und Glück erfüllt, dass wir immer dafür in deiner Schuld stehen werden. Meine süsse Malea, du ahnst noch gar nicht, was diese Zeilen bedeuten. Für dich. Für uns. Für unsere Vergangenheit und für unsere Zukunft. Es ist ein Ausdruck von Wertschätzung an dich, wir wollen dir hiermit einmal ein verewigtes DANKE aussprechen, dass du uns immer bedingungslos liebst und uns in unserer schwersten Stunde nicht alleine gelassen hast. Du hast uns Hoffnung gegeben, die wir ohne dich schon nicht mehr gefasst hatten.

Du hast unserem Leben einen Sinn gegeben, einen Sinn, den es beinahe nicht mehr hatte. Du hast uns in jenem Moment deine Liebe geschenkt, als wir sie am meisten benötigten. Bedingungslos.

Daher möchten wir dir mit diesem Buch ein wenig davon zurückgeben. Auch wenn dies nicht einmal annähernd beschreiben kann, wie dankbar wir dir sind, so fühlen wir uns als Eltern verpflichtet, dir alle Fragen beantworten zu können, die du später einmal haben wirst. Zu jenem Zeitpunkt, wenn dir gewisse Dinge klarer werden, wenn du anfängst zu hinterfragen und vielleicht deine eigenen Erinnerungen mit den Jahren immer mehr verblassen, dann schenke ich dir dafür meine. Nimm sie an und behüte sie. Nutze sie, wann immer dir danach ist. Lies sie, wann immer du offene Fragen hast. Ich habe dir all meine Gedanken, Emotionen, Eindrücke und Erlebnisse von damals nach meinem besten Wissen und Gewissen aufgeschrieben. Für dich habe ich eine Wunde in meiner Seele und meinem Herzen aufgerissen, die wahrscheinlich niemals heilen wird. Du sollst wissen, meine liebe süsse Malea, dass mir diese Schilderungen nicht leichtgefallen sind.

Ich musste all meine Kräfte zusammennehmen und mich wieder an jenen Tag zurückerinnern, der sich wie ein Stigma in meine Gedanken einbrannte. Noch einmal lasse ich ihn Revue passieren, noch einmal fühle ich mich in das Geschehene hinein und noch einmal werde ich alle Gefühle, die in mir schlummern, erneut durchleben. Für dich. Damit vielleicht auch du einmal damit abschliessen kannst, deine Fragen beantwortet werden und dein Herz etwas leichter wird.

Ich möchte dir an dieser Stelle einen wichtigen Appell vorausschicken, eine Erklärung, die in mir brennt und die ich dir gerne weitergeben möchte. Du sollst wissen, meine süsse Malea, niemand kann etwas für den Tod deiner kleinen Schwester. Es gibt keinen Schuldigen, man kann niemand dafür verurteilen oder zur Rechenschaft ziehen. Was damals geschehen ist, meine süsse Maus, war ein schrecklicher Unfall. Ein Schicksalsschlag, wie man ihn schlimmer nicht erleiden könnte. Eine Tragödie, die ich dir – wenn es auch nur irgendeine noch so geringe Chance gegeben hätte – gerne erspart hätte. Ich hätte mich dafür aufgeopfert, wenn dir dafür dieser Schmerz erspart geblieben wäre. Alles, was in meiner Macht stand, hätte ich dafür getan, dich davor zu schützen, dir eine sorgenfreie und unbeschwerte Kindheit gemeinsam mit deiner Schwester zu schenken. Voller Momente des Lachens, der Geborgenheit, Zufriedenheit und Vertrautheit zwischen dir und Alia.

Ich stand der Ohnmacht gegenüber, sah der Hilflosigkeit ins Auge und musste hinnehmen, dass ich dir das niemals erfüllen kann. Alia wird nicht mit dir aufwachsen können, sie wird nicht mit dir später über Jungs sprechen oder den Abschlussball mit dir besuchen.

Liebe Malea, du sollst wissen, dass ich alles getan habe, was in meiner Macht stand. Ich habe um das Leben deiner kleinen Schwester gekämpft wie eine Löwin. Keine Sekunde lang hatte ich sie aufgegeben, keine Minute daran gedacht, aufzugeben, einzubrechen und nicht mehr um sie zu kämpfen. Ich war bei ihr, als sie den ersten Atemzug machte, und war bei ihr, als sie ihren letzten tat. Ich habe sie auf ihrem kurzen Lebensweg begleitet, behütet und beschützt. Sie war keine Sekunde dabei alleine, sie hat unsere

Liebe und unsere Fürsorge gespürt – mit jeder Faser ihres kleinen Körpers. Papi und mir ist es wichtig, dass du das weisst und dir dessen bewusst bist, dass wir sie niemals vergessen werden. Sie wird auch immer ein Teil deiner Geschichte bleiben, auch wenn sich vielleicht die Kapitel aus deinen Erinnerungen ausdünnen werden. Darum haben wir uns entschlossen, dir diesen Tag nachzuerzählen. Wir leihen dir unsere Augen, dass du alle Geschehnisse, die sich damals zugetragen hatten, aus der Nähe beobachten kannst. Wir leihen dir unsere Ohren, damit du alle Eindrücke, die damals auf uns hereingeprasselt sind, auch hören kannst. Vor allem aber leihen wir dir unsere Herzen, damit du alle Emotionen nachempfinden kannst, damit du dich hineinversetzen kannst, wie es damals war, welchen Schmerz wir ertragen mussten, welche Trauer über uns hereinbrach und welche Ohnmacht uns gefangen hielt.

Vielleicht wirst du danach verstehen, warum wir danach vielleicht etwas anders mit dir umgegangen sind, warum wir in manchen Momenten uns vielleicht anders verhalten haben, als du es gekannt hattest. Wir wollten stark sein, für dich, liebe Malea. Wir wollten weitermachen, weil du uns gebraucht hast, Eltern, die stark sind für dich, die dir eine behütete Kindheit schenken und all die Liebe und Aufmerksamkeit, die du verdienst. Ich bitte dich, liebe Malea, lies die nachfolgenden Zeilen mit Bedacht. Urteile nicht, über das, was sich an jenem Tag zugetragen hatte, sondern blicke zurück auf unsere lebensfrohe Alia, halte dir die schönen gemeinsamen Erinnerungen mit ihr vor Augen und schätze dich glücklich, dass du die wenigen Jahre, die euch beiden zusammen geschenkt wurden, eine so tolle Schwester an deiner Seite haben durftest.

Liebe Malea, erlaube mir an dieser Stelle auch einen Appell an andere Familien zu geben. Ich möchte ihnen Mut und Hoffnung machen. Nur wenn man selbst in der Situation ist, kann man nachvollziehen, was es bedeutet, sein Kind zu verlieren. Nur als Betroffener kann man erahnen, was es heisst, eine schwere, grosse Büchse der Pandora zu öffnen, prall gefüllt mit Schmerz, Trauer, Wut, Verletzungen, Schuld und Ohnmacht. Daher gestatte mir, unser Schicksal mit anderen zu teilen, die ebenso wie wir es taten und auch immer noch tun, um einen geliebten Menschen trauern, ihn vermissen und die Situation nicht annehmen können. Wir alle können die Zeit leider nicht mehr zurückdrehen, die Vergangenheit ist nicht mehr umzukehren. Aber wir können die Zukunft ändern, sie für uns wieder zum

Positiven drehen und uns wieder an Dingen erfreuen, die uns glücklich machen und für uns wertvoll sind. Vielleicht helfen wir damit dem einen oder anderen, wieder einen Lichtblick zu haben, aus dem Gefühlschaos auszubrechen und wieder Hoffnung zu schöpfen für die nachfolgende Zeit. Dieser Weg, unser Weg, ist bestimmt kein Allheilmittel, er ist auch nicht die endgültige Lösung für diese Situation. Er ist jedoch eine Möglichkeit, wie man es vielleicht schaffen kann, aus diesen Schuldgefühlen auszubrechen, diesen Schmerz zu verarbeiten und die Situation anzunehmen. Man wird sie nie akzeptieren, aber man kann lernen, damit umzugehen und das Beste aus ihr zu machen.

Liebe Malea, das war auch für uns wichtig, dass wir wieder nach vorne blicken. Alle gemeinsam. Als Familie. Es musste irgendwie weitergehen, auch wenn man in diesem Moment nicht daran glaubt. Die Normalität rückte an jenem Tag so weit in die Ferne, wie die Milchstrasse an einem bewölkten Herbsttag. Wir haben es geschafft, weiterzumachen, nicht aufzugeben und als Familie stärker zusammenzuwachsen. Wir haben uns gegenseitig Halt gegeben, der mit nichts in der Welt aufzuwiegen ist. Die Tragödie, die wir durchgemacht haben, soll anderen eine Stütze sein, die ebenso in derselben Situation sind. Sie sollen erkennen, es kann weitergehen. Es muss weitergehen. Man darf auch wieder glücklich sein. Das ist ganz wichtig. In der Zeit danach fühlten wir uns oft beobachtet, die Menschen nahmen Anteil an unserem Schicksal und verfolgten uns mit ihren Blicken. Man konnte ihre Gedanken hören, sie standen ihnen ins Gesicht geschrieben. Vor allem, als wir dir ein weiteres Geschwisterchen geschenkt hatten, waren sie zu spüren. Wie können die Stadelmanns nach so einem Unglück noch weitermachen? Wie können sie ein weiteres Kind bekommen? Ja, liebe Malea, wir haben dir ein wundervolles Geschwisterchen geschenkt, das uns wieder komplettiert. Es war uns wichtig, dass du nicht alleine aufwächst. Du sollst aber wissen, dass Kiana niemals ein Ersatz für Alia sein wird. Kiana ist wundervoll und individuell, so wie es Alia auch war. Kiana wird niemals die Lücke füllen können, die Alia hinterlassen hat. Das soll sie aber auch gar nicht! Wir möchten nicht, dass Kiana auch nur einen kleinen Atemzug das Gefühl hat, jemand anderen ersetzen zu müssen. Wir lieben Kiana, so wie wir dich lieben, ihrer selbst willen und weil sie uns erfüllt.

Eine Familie zu haben, die zusammenhält, die füreinander da ist, in guten wie in schlechten Zeiten, das ist so ziemlich das wertvollste Gut, das man auf diesem Planeten bekommen kann. Und noch dazu ist es unbezahlbar.

Du sollst wissen, liebe Malea, wie sehr wir uns in dieser Zeit auf unsere Familie verlassen konnten, wie sehr uns unsere Freunde und Bekannten unterstützt und getragen hatten. Sie waren alle an diesem Tag für uns da, in den kommenden Wochen und Monaten. Sie haben mit uns zusammen gekämpft, geweint und getrauert. Daher möchte ich auch euch allen im Namen meiner Familie ein ehrliches DANKE aussprechen für diese Anteilnahme, die uns zutiefst gerührt hat.

Du siehst, meine süsse Malea, du bist nicht alleine mit deiner Trauer und deinen Gefühlen. Du warst es nicht und du wirst es auch nie sein! Das ist ein Versprechen, das ich und dein Papi dir heute auf deinen Lebensweg mitgeben möchten. Egal, wie sehr dich der Verlust deiner Schwester einmal quält, welche Erinnerungen dir wieder einfallen werden und in dir diesen Schmerz wieder entfachen, du bist nicht alleine mit deinen Gefühlen und Ängsten. Du hast eine wundervolle Familie, die dich abgöttisch liebt, die zu dir steht und dich unterstützt, wann immer du Hilfe benötigst.

Und ich sage dir heute noch einmal das Gleiche, das ich dir damals, in jener Nacht, als Alia von uns gegangen ist, auch gesagt habe: «Ich glaube aus tiefstem Herzen und aus vollster Überzeugung daran, dass Alia immer bei uns ist! Sie wird auf dich blicken, mit Augen voller Bewunderung für ihre grosse Schwester. Auch wenn sie nicht mehr bei uns ist, so wirst du ihre Liebe für dich immer spüren können. Du trägst sie in deinem Herzen, dort lebt sie fort. Sie wird dich auf jedem deiner Schritte begleiten, dich beschützen und über dich wachen. Du warst für sie ein Herzensmensch, der ihr näher stand, als irgendwer es jemals nur getan hätte. Denke immer daran, meine süsse Malea, wenn du einmal traurig bist, dann wird Alia dich trösten und dir Kraft spenden. Sie weiss, was sie an ihrer grossen Schwester hatte, welch wundervolles Kind du warst, welch wundervoller Teenager – und welch wundervoller Erwachsener du einmal sein wirst».

In ewiger Liebe,
Mami und Papi

Meine Seele offengelegt

Wir haben keinen Einfluss auf unser Schicksal, auf unseren Weg, der uns vorbestimmt ist. Wir können ihn nicht verändern oder beeinflussen, aber wir können die Momente, die wir erleben dürfen, mit jeder Faser unseres Körpers spüren, mit jeder Zelle aufsaugen und verinnerlichen. Wir können die Zeit, die uns mit unseren Liebsten geschenkt wird, weder zurückdrehen noch anhalten, aber in vollen Zügen geniessen und uns im Hier und Jetzt miteinander freuen. Gemeinsam lachen, den Moment geniessen und einfach innehalten. Zu wissen, diese Sekunde wird sich nicht mehr wiederholen, daher erleben wir sie aktiv und in vollem Bewusstsein. Es sind die kleinen Erinnerungen an ganz grosse Emotionen, die unser Dasein erfüllen. Jeden einzelnen Sonnenstrahl spüren, der unsere Haut erwärmt, unseren Körper mit Vitamin D erfüllt, uns Glücksgefühle einhaucht und uns zufrieden und dankbar werden lässt. Die Familie ist wie ein solcher Sonnenstrahl, hell und intensiv, wohltuend für jede Faser, die er durchflutet. Ein liebevolles Miteinander, Geborgenheit und tiefste Demut über das Leben, das uns geschenkt wurde, die gemeinsamen Stunden, die wir miteinander erleben dürfen, und die Zuneigung, die wir füreinander empfinden.

Denn was wirklich wichtig ist, lässt sich weder messen noch wiegen, man kann es nicht abzählen oder ihm einen monetären Wert zuschreiben.

Man kann es weder angreifen noch festhalten, aber man kann es spüren. In seinem Herzen, seiner Seele und in seinem Innersten. Wenn man in dieser glücklichen Position ist, dass man diese tiefe Verbundenheit zueinander verspüren darf, dann erscheinen all die Probleme und Sorgen, die uns auf unserem Lebensweg begleiten und begegnen, als klein und nichtig. Wir können uns dankbar schätzen, wenn uns dieses bedingungslose Gefühl der Liebe und Geborgenheit zuteil wird und wir selbst ein Teil davon sind und es an unsere Lieben zurückgeben können. Wir sollten uns viel öfter in Erinnerung rufen, dass wir diese gemeinsame Zeit schätzen und jede Stunde geniessen, denn man weiss nie, ob es nicht vielleicht die letzte miteinander sein könnte …

Lieber Leser, diesen Appell richte ich an dich. Geniess deine wertvolle Zeit mit deiner Familie, schätze jeden Augenblick, denn er ist kostbar und kommt nicht mehr zurück. Ich möchte ehrlich zu dir sein, dir meine Seele offenlegen, verwundbar und ausgeliefert.

Ich möchte mit dir meine intimsten Gedanken teilen, dir meine Gefühlswelt unverblümt zu Füssen legen, dir zeigen, wie es in mir aussieht.

Ich habe mich dafür für ein ehrliches DU im Umgang miteinander entschieden. Ich hoffe, du verzeihst, aber ich werde dir schonungslose und tiefe Einblicke in meine Seele und in mein Herz geben, sodass du Teil meiner Geschichte wirst. Auch möchte ich dich nicht verschonen, ich möchte dich als Verbündeten auf meinem persönlichen Schicksalsweg gewinnen. Nachdem ich dir mein Innerstes offenbare, scheint es mir im Gegenzug auch nur fair, dass wir gleichzeitig und vom allerersten Moment an auch die sprachliche Distanz überwinden. Ein SIE scheint mir daher wenig angemessen, schlägt es doch keine Brücken zueinander und lässt dich nicht so nahe an meine Gedankenwelt heran, wie ich es gerne haben möchte. Gleichzeitig darf ich dich aber auch ein wenig vorwarnen, ich werde schonungslos mit dir und deinen Gefühlen sein. Es ist meine persönliche Geschichte und der authentische Lebensweg meiner kleinen Familie, den ich dir hier präsentieren werde. Dabei werde ich nichts ausschmücken oder beschönigen, ich versuche, dir keine Details vorzuenthalten aber auch nicht zu ersparen.

Ich habe in diesem autobiografischen Roman einen Pakt getroffen, mit mir selbst und soeben mit dir. Du wirst all meine Emotionen, Glücksgefühle, aber auch Ängste und tiefste Trauer mit mir teilen müssen. Ich nehme dabei keine Rücksicht auf deine Befindlichkeiten, werde dich nicht in Samt packen oder dir etwas vormachen. Du wirst wahrscheinlich lachen an manchen Stellen, so wie ich gelacht habe, dich freuen, so wie ich mich freute, aber auch leiden, so wie ich gelitten habe. Meine aufrichtige und ehrliche Art, wie ich dir mein Erlebtes schildern möchte, wird dich vielleicht auch an deiner verwundbarsten Seite treffen. Aber dieses Risiko nehme ich gerne in Kauf, wenn ich dir damit ein kleines bisschen die Augen öffnen und dir damit näherbringen kann, wie wichtig und wertvoll es ist, den Moment miteinander zu geniessen. Ein Vanitas-Motiv meiner persönlichen Begegnung von einem neubeginnenden Leben bis hin zum Erlöschen desselbigen. Lieber Lesende, bedenke, du bist vergänglich und jeder Atemzug von dir oder deiner Familie könnte der letzte sein. Also lebe ihn, mit voller Ehrfurcht, erlebe ihn mit tiefster Dankbarkeit und geniesse ihn mit jeder Pore deiner Haut.

Schätze ihn, als ob es das Heiligste wäre, hüte ihn, wie einen tief verborgenen Schatz. Denn auch Erinnerungen daran können einmal verblassen. Was aber bleibt, ist das Gefühl, dass wir in diesen Momenten in uns spürten, das unendliche Glück und die tiefste Verbundenheit zu den Menschen, die wir am meisten lieben …

Unsere kleine Familie stellt sich vor

Wir waren eine vierköpfige Familie, wie man sie aus den kitschigen Bilderbüchern kennt, und leben in einem idyllischen Dörfchen in der Schweiz. In einem jener familiären Orte, an denen man seinen Nachbarn beim Namen nennt, mit seiner beruflichen Situation im gesamten Wohnblock bestens vertraut ist und seine Bedürfnisse und Hobbys nicht im Verborgenen bleiben. Ein behagliches Zuhause, meine kleine Gemeinde, in der wir uns sehr wohlfühlten. Wir, das sind mein Mann und meine zwei süssen Töchter. Richtige Sonnenscheine, wenngleich auch grundverschieden. Malea war gerade vier Jahre alt geworden und von sehr zarter Statur. Auch ihr Charakter glich ihrem mädchenhaften Antlitz. Sensibel und introvertiert. Keine Kämpferin mit Fäusten, aber sehr empathisch und feinfühlig. Sie betrachtete die Dinge lieber aus der Ferne, war ein stiller Zuhörer und eine perfekte Beobachterin. Ihr heller Hauttyp unterstrich ihre feinen Linien und ihre filigrane Erscheinung.

Alia war dagegen das komplette Gegenteil ihrer grossen Schwester. Sie war charakterstark und musste immer und überall dabei sein. Sie war eine lebhafte Frohnatur, von stärkerer Statur und wirkte auch körperlich nicht so zart besaitet wie ihre grosse Schwester.

Alia hatte diesen niedlichen Babyspeck an den Armen und Beinen, ihr Teint war etwas dunkler und ihre Statur deutlich kräftiger. Sie wusste gekonnt, sich mit einem Lächeln in Szene zu setzen, und hatte eine äusserst dominante, wenngleich auch verspielt tollpatschige und lustige Art. Sie brachte uns immer zum Lachen mit ihren fast bühnenreifen Showeinlagen, die sie hin und wieder zu ihrem Besten gab. Ich erinnere mich an einen Sommer, Alia war gerade eineinhalb Jahre geworden, als wir zusammen mit dem Cousin und der Cousine meiner Mädchen im Garten spielten. Es war ein heiss schwüler Sommertag, an denen man Kindern gerne auch einmal den Gartenschlauch als willkommene Abkühlung in die Hand drückt. Alia witterte hier gleich ihre Chance, und in einem für sie unbeobachteten Moment griff sie beherzt zum Gartenschlauch und begann uns alle pudelnass zu spritzen. Sie blühte sichtlich auf, genoss ihre triumphierende Rolle und man konnte das Funkeln in ihren Augen sehen. Sie hat uns buchstäblich kalt erwischt und wir mussten alle so herzhaft lachen. Das sind diese authentischen Momente im Leben, an die man sich später gerne zurückerinnert, frei von Sorgen, aber voll mit Glück und Zufriedenheit.

Ehrliches Lachen, das tief aus dem Innersten kommt, das einen übermannt und das man es nicht mehr zurückhalten kann. Auch ihre grosse Schwester fand Gefallen an ihrem unterhaltsamen Charakter. Sie wusste uns immer aufzuheitern, wenn einmal die Stimmung gedrückt war, die Sonne nicht für uns schien, etwas Trauriges passierte oder einer von uns einfach keinen guten Tag hatte. Auch das soll vorkommen, aber kaum bei Alia, die immer ein keckes Lächeln auf den Lippen hatte, welches gerade ihren nächsten kleinen Streich ankündigte. Der Schalk sass ihr wahrlich im Nacken. Das machte sie auch zu einem zeitintensiven Kind, hinter dem man immer nachlaufen und sich vergewissern musste, dass sie nichts Gravierendes anstellte. Sie hielt uns alle ganz schön auf Trab, aber auf der anderen Seite brachte sie auch Leben in unsere kleine, aber feine Eigentumswohnung. Alia war sehr früh und sehr schnell auch mobil, was unsere Arbeit als Eltern nicht gerade erleichtert hatte. Und dennoch erfüllte es mich unglaublich mit Stolz, als sie mit knapp zehneinhalb Monaten ihre ersten eigenen Schritte gemacht hatte. Dieser Moment, als sie die Armlehne des Sofas los liess, um in ihrem Pyjama zu mir zu kommen – uns trennten nur wenige Schritte voneinander –, erfüllte mich mit unglaublichem Glück. Ich durfte wieder einen Meilenstein meiner Tochter miterleben, ich habe ihr Mut zugesprochen und sie bestärkt, wie es Mütter eben tun. Ich glaube, auch Alia war in diesem Moment sehr begeistert von ihrer Leistung, dass sie ihre Füsschen in diesem jungen Alter schon selbstständig tragen konnten.

Aber man merkte einfach, sie wollte die Welt entdecken, sie erobern und beherrschen – und das auf eigenen Beinen. Ganz entsprechend ihrem unbändig neugierigen Charakter und Forschergeist. Es sind kleine Erinnerungen, die mit den grössten Emotionen verbunden sind. Die ersten Schritte der eigenen Kinder mögen für einen Aussenstehenden nur ein kleines Kapitel in einem langen Menschenleben darstellen, wenn man vergleicht, was in Zukunft noch so alles auf sie zukommen wird. Aber für eine Mutter sind es genau solche kleine Dinge, die einen unfassbaren Wert haben und woran man später gerne mit einem zufriedenen Schmunzeln im Gesicht zurückblickt.

Alia war willensstark und bereits mit ihren jungen Jahren eine richtige Persönlichkeit. Wenn sie etwas haben wollte, versuchte sie das auch durchzusetzen. Sie war aber gleichzeitig auch sehr raffiniert, ein wahrlich schlaues Köpfchen. Immer dann, wenn sie merkte, hier kommt sie mit ihrem Willen nicht weiter, liess sie plötzlich ihren Charme spielen.

Man musste sie einfach ins Herz schliessen, auch Malea konnte sich seit dem Tag ihrer Geburt kaum mehr von ihr trennen.

Vom ersten Moment an, als sie ihre kleine Schwester im Krankenhaus erblickte, war sie bereits in den Bann gezogen vom entzückenden Lachen der kleinen Alia. Diese erste Begegnung meiner beiden Töchter werde ich nie vergessen und ich bin so dankbar, dass Malea ihre Schwester sofort als Teil unserer perfekten Familie akzeptierte. Ich sah meine Mädchen mit Stolz an und wusste: Sie sind einfach das vollkommene Glück für unsere kleine Familie. Nun sind wir komplett. Wir haben auf diesen, unseren Sonnenschein nur gewartet, damit sie uns drei mit ihrer lebensbejahenden Art verzaubert. Und das tat sie, sofort und unumgänglich.

Die beiden waren seitdem wie Pech und Schwefel, unterschiedlicher wie sie es kaum hätten sein können, aber ihr Zusammenhalt war wie Bonnie & Clyde. Alia war ein Winterkind, sie wurde abends im Dezember geboren. Ihre grosse Schwester hingegen erblickte das Licht der Welt mitten im Sommer. Auch ein Gegensatz der beiden Mädchen, der ihre Unterschiede nur noch einmal zeigen mochte.

Meine beiden Mädchen haben sich gerade aufgrund der Unterschiede sehr gut ergänzt. Was die eine an Übermut und Energie zu viel hatte, hatte die andere an Zurückhaltung und Reflexion zu viel, und somit glichen sie sich gegenseitig aus und taten sich gut, waren füreinander Vorbilder. Alia hat Malea in dieser Hinsicht sehr gut getan, sie konnte sich an ihr orientieren. Wenn Malea wieder einmal in ihrer passiven Rolle aufging und sich zunächst erst mit einer Situation anfreunden und in diese reinfinden musste, zeigte ihr Alia, wie man tollkühn und beinahe furchtlos mit den neuen Gegebenheiten zurechtkommt, ja ihnen förmlich mit weit ausgestreckten Ärmchen entgegenläuft. Malea brauchte eben ein bisschen länger, bis man den Weg in ihr Herz gefunden hat, sie benötigte ihre Zeit, um mit Gegebenheiten zurechtzukommen. Konnte man sie einmal für sich gewinnen, so war man tief in ihrem Inneren eingeschlossen und wurde bedingungslos akzeptiert. Ein schöner und sehr anmutender Charakterzug, wie ich persönlich finde.

Hier könnte sich so manch Erwachsener noch eine Scheibe abschneiden und von ihr lernen. Vielleicht liebe ich meine beiden Mädchen deshalb so sehr, weil sie auch mir immer wieder etwas Neues beibringen konnten. Bedingungslose Liebe, Akzeptanz und absolutes Urvertrauen.

Sie hatten eine starke Verbindung zueinander, niemand konnte sich ihnen in den Weg stellen. Ich erinnere mich noch genau, als Malea das Kindergartenalter erreicht hatte und ihren ersten Tag getrennt von uns verbrachte.

Alia konnte es kaum begreifen, dass sie nun einen Vormittag ohne ihre Schwester als Verbündete verbringen musste, und fragte mich in ihrer liebevollen Art und Weise immer nach dem Verbleib ihrer grossen Schwester. Für Alia war es eine sehr grosse Umstellung, als Malea im Sommer in den Kindergarten kam. Klebten sie ansonsten unzertrennbar aufeinander, so mussten sie sich – wenngleich auch immer nur für ein paar Stunden am Tage – nun voneinander lösen. Diese Erfahrung tat den beiden gut und ihrer engen Bindung keinen Abbruch. Ganz im Gegenteil. Alia wartete immer sehr angespannt und ungeduldig, bis ihre grosse Schwester endlich wieder bei ihr war.

Sie hat mich oft gefragt: «Wo Mela, Mami?», und ich habe ihr erklärt, dass für Malea nun ein spannender, neuer Abschnitt angefangen habe, der auch für Alia in wenigen Jahren zum Greifen nahe sei. Alia war dann beruhigt, als ich ihr zur Antwort gab, dass Malea bereits mittags wieder heimkommen würde. Dennoch erinnerte sie mich immer pünktlich daran, Malea auch abzuholen. Ich konnte doch ihre Verbündete keine Minute länger von ihr trennen, nicht einmal der Gedanke daran wäre für sie auszuhalten gewesen. Wenn wir sie dann gemeinsam abgeholt hatten, strahlte Alia. Man konnte sichtlich merken, dass sie nun wieder vollkommen war und ihre zweite Hälfte sie nun wieder zu einem Ganzen machte.

Wenn wir hingegen zuhause auf Malea warteten, so stand Alia immer vor dem Fenster. Ihr Blick war starr und voller Erwartung auf die Strasse gerichtet und wurde durch nichts abgelenkt, bis sie ihre Schwester erblickte. Kaum in der Wohnung angekommen, war Alia gleich um Malea bemüht, verstaute ihre Schuhe und versorgte ihre Jacke. Malea war natürlich ganz begeistert davon. Nicht nur der Tatsache geschuldet, dass ihre Schwester mit so viel schier unbändiger Vorfreude sie begrüsste, sondern auch, dass sie ihre Sachen nun nicht selbst erst verstauen musste.

Auch hier hatten sich die beiden wieder wunderbar ergänzt. Es waren diese Kleinigkeiten im Alltag, bei denen es mir am meisten auffiel.

Natürlich hatten die beiden Damen auch so ihre Streitigkeiten und Auseinandersetzungen – wie eben in jeder Geschwisterbeziehung. Aber am Ende hatten sie immer zusammengehalten und teilten wirklich alles miteinander. Sogar den Daumen! Malea hatte schon als kleines Kind die Angewohnheit, an ihrem Daumen zu nuckeln, das gab ihr ein sicheres und geborgenes Gefühl. Niemand, aber wirklich niemand, durfte ihrem süssen Finger zu nahe kommen, geschweige denn daran nuckeln – Alia durfte. Mehr noch, kaum war Alia zuhause in der Babywiege, hatte Malea ihr den Daumen in den Mund gesteckt. Als wolle sie mit ihr diese Geborgenheit teilen. Einen grösseren und schöneren Liebesbeweis kann es kaum mehr geben. Natürlich war der Daumen für Alia viel zu gross und ich musste herzhaft schmunzeln, als ich diese Situation beobachtete. Aber Alia hat daran genuckelt, als ob für die beiden ihr innerer Seelenfrieden davon abhinge.

Ein wichtiger Bestandteil unserer Familie ist mein Mann – der einzige Mann im Hause Stadelmanns, vielleicht gerade deswegen umso wertvoller für uns alle. Seine Eltern besassen die hiesige Käserei im Dorf. Alia war dem Charakter meines Mannes Urs sehr ähnlich. Wahrscheinlich fand ich sie daher auch gleich so toll und spannend. Auch mein Mann ist ein sehr fröhlicher und ausgeglichener Mensch, lebensbejahend und stets voller positiver Gedanken. Ich liebe und schätze dies sehr an ihm. Er ist ein wahrer Lebemensch, dem Spontanität und positive Energie unsagbar wichtig sind. Daher kann er es auch gar nicht leiden, wenn ich unseren Tagesplan einmal mit Terminen und Verpflichtungen anfülle. Wir hatten uns sehr jung kennengelernt, er war gerade einmal 20 Jahre alt. Ja tatsächlich, ich bin zwei Jahre älter als er. Normalerweise sind zwei Jahre kein grosser Altersunterschied, auch wenn es üblicherweise genau andersherum ist. Ich konnte mir damals auch nicht vorstellen, mich Herz über Kopf in einen jüngeren Mann zu verlieben – aber dann kam er. Es war Liebe auf den ersten Blick, ein wahrhaft magischer Moment unserer ersten Begegnung. Nach all den gemeinsamen Jahren – und es sind mittlerweile bereits 15! – liebe ich ihn immer noch wie am ersten Tag und ich könnte mir keinen besseren Mann an meiner Seite vorstellen, der meine Bedürfnisse besser und meine Gefühle deutlicher erkennen und erwidern könnte. Er nimmt mich so, wie ich bin.

Ich muss mich bei ihm nicht verstellen, ich kann all meine Ecken und Kanten behalten, mögen sie auch noch so spitz oder eckig sein. Ich fühle mich bei ihm angekommen, zuhause. Er lässt mir jeglichen Freiraum, wenn ich ihn einmal benötige, und schenkt mir dabei auch das Vertrauen dazu.

Aufgrund seiner Lebensfreude und Kontaktfreudigkeit ist Urs der geborene Kundenbetreuer und blüht auf in seinem Job. Seit ein paar Jahren ist er im Aussendienst tätig und kommt mit seiner sympathischen, natürlichen Art bei vielen Menschen sehr gut an. Natürlich gibt es auch in unserer harmonischen Beziehungswelt einmal Meinungsverschiedenheiten oder kleine Streitigkeiten, aber das ist doch in jeder guten Partnerschaft der Fall. Man muss auch nicht immer einer Meinung sein, wichtig ist aber, dass man den anderen und seine Gefühle dann so akzeptiert, wie er sie gerade empfindet. Und genau das passt bei uns beiden einfach perfekt.

Die Rollenverteilung bei uns zuhause war klar definiert und wir waren ein eingespieltes Team. Ich arbeitete nur 30 Prozent, da ich den restlichen Tag mit meinen Kindern verbrachte. Ich blühte in meinem Job auf, ich arbeitete als Fachangestellte für Behindertenbetreuung.

Aber ich verbrachte auch unendlich gerne Zeit mit meinen beiden Kindern, sah ihnen beim Spielen zu und schmunzelte oft dabei. Wenn ich meiner beruflichen Tätigkeit nachging, so waren unsere Kinder bestens betreut bei einer Tagesmutter. Wir konnten uns sehr glücklich schätzen, für unsere beiden Sonnenscheine einen so wundervollen Ort gefunden zu haben. Sie fühlten sich dort in einem zweiten Zuhause. Das beruhigte auch mich ungemein und so konnte ich mich während meiner Arbeitszeit ganz meinem Beruf widmen. Auch wenn mir die Mädchen natürlich jede Minute fehlten!

Nun fehlen hier noch die Worte zu meiner Person – auch ich möchte mich und meinen Charakter kurz skizzieren. Meine Persönlichkeit gleicht jener von Malea, auch ich bin in neuen Situationen anfangs eher zurückhaltend und beobachte zunächst die Dinge aus der Ferne. Dabei habe ich ein unfassbar sensibles Gespür für meine Mitmenschen. Mir wird oft nachgesagt, ich hätte eine starke Persönlichkeit, dabei habe ich aber eine sehr sensible Seite, die ich mir nur nicht immer anmerken lasse. Vielleicht ist dies meiner südländischen Abstammung geschuldet, welche man mir ein wenig ansieht. Mein Grossvater war Italiener und von ihm stammt wahrscheinlich meine spontane Seite sowie meine tiefdunklen Augen und meine langen dunkelbraunen Haare. Ich bin aber auch sehr pflichtbewusst, plane Dinge sehr gerne im Vorfeld und finde grossen Gefallen an einem harmonischen und friedlichen Rückzugsort, wie es für mich die Familie darstellt, bis dann eines Tages alles auf den Kopf gestellt wurde ...

Ich liebe es sehr, mit meinen Kindern etwas zu unternehmen, ich ging mit ihnen öfters nach draussen, wir kannten buchstäblich jede Rutsche und jede Schaukel auf den Kinderspielplätzen. Da knüpft man natürlich sehr einfach Bekanntschaften mit gleichaltrigen Kindern und deren Elternteilen.

Auch mit unseren direkten Nachbarn hatten wir ein sehr enges Verhältnis. Eines, das weit über eine reine Zweckgemeinschaft hinausging. Sie wohnten direkt gegenüber von uns und hatten auch eine Gartenwohnung. Wir verstanden uns nicht zuletzt durch unsere Kinder so gut, waren sie doch ungefähr im selben Alter. Alles in allem, so scheint es, waren wir eine wahre Vorzeigefamilie, die durch Nichts und Niemanden getrennt werden konnte. Wenn nicht dieser eine Donnerstag gekommen wäre ...

Als die Welt noch in Ordnung war...

Es war ein heisser Sommer, voll von Wärme und Sonnenschein. Unbeschwertheit und sommerliche Leichtigkeit lagen in der drückend heissen Luft. Wir sehnten uns nach einer nassen Abkühlung, wir liebten das Baden und wir liebten die Wärme. Ein Wechselspiel aus Gefühlen, vom kalten Nass in die trockene Hitze, genau nach unserem Geschmack. Wir genossen die lauen Sommerabende in unserem Garten oder gingen oft zusammen ins Schwimmbad.

Wir wohnten in einer superschönen Erdgeschosswohnung, die unser Eigentum war und es noch immer ist. Mein Mann hat dieses Mehrfamilienhaus mit seinem Vater und seinem Bruder gemeinsam erbaut und wir zogen in die unterste Wohnung, eine Gartenwohnung, ein. Ich war beim Bau des Mehrfamilienhauses gerade mit Malea schwanger, daher erschien es uns als eine praktische und logische Lösung, diese Wohnung zu beziehen. Sie war riesig, hatte viereinhalb Zimmer und alles war brandneu und modern. Wir waren bei der Planung und der Gestaltung der Wohnung von Anfang an dabei und konnten sie uns so praktisch auf den Leib schneidern. Vielleicht fühlten wir uns deshalb so wohl, weil alles auf uns zugeschnitten und auf uns abgestimmt war.

Es war ungewöhnlich, so viel Mitspracherecht zu haben, aber auch ein sehr befreiendes Gefühl. Der Garten war dabei das Schönste – auch für die Mädchen. Er war riesig gross, bot unendlich viel Platz zum Spielen, und die Kinder fühlten sich sichtlich wohl in dieser Umgebung. Auch wir fühlten uns sehr wohl in dieser Umgebung und in diesem kleinen Dorf. Wir wohnten vorher in der Stadt und wollten, als wir von meiner Schwangerschaft erfuhren, ohnehin aufs Land ziehen. Da kam uns diese Option und dieses Dörfchen gerade recht. Hier war es noch sehr unkompliziert und einfach, weniger Hektik als in der Stadt und von einem familiären Zusammenhalt im Ortskern geprägt.

Auch meine Schwiegereltern lebten und leben noch immer im Haus. Sie bezogen die grösste Wohnung gleich unter dem Dach. Die Aussicht aus ihrer Attikawohnung ist ein purer Genuss und auch geniessen sie so eine wundervolle Einsicht in unseren Garten. So kam es auch öfters zu einem plötzlichen und unverhofften Platzregen an Süssigkeiten. Wie aus einem Wolkenbruch schossen auf einmal die süssen Dinge erdwärts, direkt in die Hände unserer Töchter. Sobald ihr Grossvater bemerkte, dass wir da waren, spielte er des Öfteren einmal die Frau Holle der Naschkätzchen.

Auch mein Schwager und seine Freundin bewohnten im ersten Stock eine Einheit in diesem Haus. Er arbeitet ebenfalls in der Käserei, die meinem Schwiegervater gehört, und nachdem das Mehrfamilienhaus nur wenige Gehminuten davon entfernt lag, hatte er auch keinen langen Weg zur Arbeit. Aus diesem Grund ist auch immer jemand zuhause. Ich genoss diesen praktischen Umstand, denn immer, wenn man einmal Hilfe benötigte, fand man diese in den eigenen Reihen, ohne lange herumtelefonieren zu müssen.

Von den befreundeten Nachbarn hatte ich bereits geschrieben. Wir sahen uns oft und liessen die Mädchen miteinander spielen. Es ist wirklich ein sehr tolles Gefühl, mit so vielen netten und bekannten Gesichtern unter einem Dach oder in der Nachbarschaft zu wohnen. Die stets allgegenwärtige Hilfsbereitschaft, gepaart mit dem nötigen Freiraum, den wir uns gegenseitig liessen, war der Schlüssel für unser Mehrgenerationenhaus und seine Harmonie.

Dennoch wurde der Wunsch nach einem eigenen Haus immer grösser und lauter, wir wollten grosse Zimmer für die beiden Mädchen, um später aus ihren Kinderzimmern richtige Mädchenzimmer zu machen. Sie sollten viel Platz haben – den hatten sie aufgrund ihrer vielen Spielsachen auch bitter nötig.

Im März 2018 war es dann so weit, und wir konnten uns den lang gehegten Traum vom eigenen Haus erfüllen. Auch wenn wir uns in der Wohnung immer sehr wohlgefühlt hatten und der Garten auch für die Kinder ein Paradies war. Unser Familienglück besiegeln konnte nur noch ein eigenes Haus. Wir hatten uns schon lange vormerken lassen für einen Baugrund – und im Frühling 2018 war es dann endlich so weit. Ich freute mich dermassen auf diese spannende und aufregende neue Phase in unserem Leben, dass ich beinahe vergass, wie viel Arbeit auf mich und meinen Mann zukommen würde. Ich hatte dann auch die Doppelbelastung mit der Arbeit und den beiden Kindern. Unsere Nachbarn bauten zu dieser Zeit auch ein

Haus und auch genau im selben Quartier wie wir. Wir zogen also praktisch samt Nachbarschaft um. Wir waren keine direkten Nachbarn mehr, teilten uns aber immerhin noch dieselbe Strasse, womit sich unsere räumliche Gehdistanz in Grenzen hielt. Wir hatten viele Gemeinsamkeiten. Die Kinder und der Hausbau waren nur einige davon, und somit gingen uns die Gesprächsthemen nie aus, denn wir hatten auch einen sehr guten Draht zueinander.

Man nimmt natürlich gerne einen grösseren Aufwand auf sich – aber dennoch finde ich, muss es einmal gesagt sein, dass bei einem Hausbau nicht alles ein wahres «Zuckerschlecken» ist. Mein Mann ist handwerklich sehr begabt – das ist ein Fluch und Segen zugleich für unsere kleine Familie! Urs war gelernter Elektriker und erledigte daher vieles selber. Aus diesem Grund verbrachte er nach seiner eigentlichen Arbeit viele Stunden auf dem Bau, konnte viele Dinge in Eigenregie klären und abwickeln, was uns natürlich auch finanziell sehr entgegenkam.

Aus diesem Grund war es uns umso wichtiger, dass wir noch einen gemeinsamen Sommerurlaub verbringen konnten. Wie wir das alles unter einen Hut gebracht hatten, weiss ich im Nachhinein selber gar nicht mehr, nur: es war eine sehr schöne Zeit, wenngleich sie auch mit wahnsinnig viel Trubel und Stress durch den Hausbau verbunden war. Unsere Nachbarn begleiteten uns sogar in den Urlaub, dadurch hofften wir, auch ein wenig abschalten zu können und nicht dauernd an unsere Baustelle zuhause erinnert zu werden.

Es war nicht das erste Mal, dass wir mit unseren Nachbarn in den Urlaub fuhren. Wir buchten gemeinsam die gleiche Destination wie schon vor einigen Jahren, als ich gerade mit Alia schwanger war. Die Reise führte uns deshalb auch diesen Sommer wieder nach Rhodos. Zwar in ein anderes Hotel, aber immer noch auf derselben wundervollen griechischen Insel. Beide Urlaube waren einfach perfekt und voller traumhafter Erinnerungen. Beim ersten Mal war Malea noch klein und ich gerade mit Alia schwanger. Beim zweiten Mal war auch Alia schon mit dabei und zeigte kein Fünkchen Flugangst.

Sie stolzierte mit erhobenem Haupt durch die Flughafenhalle, trug ihren kleinen Rucksack auf ihren zarten Schultern und stieg mit grossen Augen in das noch grössere Flugzeug. Sie hatte kein einziges Mal gequengelt oder geweint im Flugzeug. Ganz im Gegenteil. Sie schien die Leute noch abzulenken und spielte den perfekten Alleinunterhalter und sorgte für gute Stimmung an Bord. Welch schöne Erinnerungen ich doch an diese Zeit habe. Vielleicht haben wir schon bald wieder die Möglichkeit, zu verreisen, sobald unser Haus fertig und der Umzug abgeschlossen ist. Aber derzeit war unsere fast tägliche Wegestrecke nicht Schweiz–Rhodos, sondern vielmehr pendelten wir zwischen unserer Wohnung und der Baustelle hin und her.

Ich bin mit den Mädchen des Öfteren zur Baustelle gefahren, wir wollten sehen, wie weit die Bautätigkeiten bei unserem neuen, zukünftigen Haus vorangeschritten waren und ob es wieder etwas Neues zu sehen gab. Es war sehr spannend bei der Errichtung zuzusehen und sich das Leben, das wir dem Betonhaufen – mehr war es anfänglich im Rohbau ja noch nicht – einhauchen würden, und uns in unseren Köpfen vorzustellen.

Wo die Kinderzimmer sein werden, wie Malea und Alia spielen würden in dem grossen Garten, der derzeit noch mit Bauschutt und Baumaterialien bedeckt war. In unseren Köpfen war alles schon so real und aufgeräumt. Wir sahen schon die Vorhänge an den noch kahlen Wänden, die frischen Blumen auf dem Tisch und das Abendbrot am gedeckten Esstisch stehen. Wir versuchten, ihnen gemeinsam zu erklären, wie es später sein würde, wie es denn aussehe und wo ihre Möbel stünden. Malea bekam sicher einiges mit und konnte es sich vorstellen. Bei Alia bin ich mir nicht ganz so sicher, sie war vielleicht noch etwas gar klein dafür. Aber sie verstand schon, dass, wenn wir vor dem Haus standen, dass es unseres war – oder vielmehr sein würde. Sie schien glücklich mit ihrem Zimmer zu sein, auch wenn in diesem noch keine Spielsachen «wohnten».

Wenn wir die Baustelle jemandem zeigten, so musste auch Alia stolz ihr zukünftiges Reich vorzeigen. Wir freuten uns alle sehr über unsere Zukunft im neuen Haus und konnten es kaum abwarten, bis wir endlich einziehen konnten. Den Umzug wollten wir unbedingt noch vor den Weihnachtsfeiertagen durchführen, sofern wir im Zeitplan blieben und es keine Verzögerungen geben würde.

Der Sommer verging und der Herbst rückte mit grossen Schritten näher. Es war eine besonders anstrengende und fordernde Jahreszeit. Wir hatten alle ziemlich zu tun, um Baustelle, Beruf und Kinder unter einen Hut zu bringen. Vor allem der September stellte sich als ein beschwerlicher Monat heraus. Der Kindergarten von Malea ging los und wir mussten ihr bei der Bewältigung des Kindergartenweges helfen, ihr eine Stütze sein, damit sie sicher ankommt und wir als Elternteil auch beruhigt sein können. Vor allem die ersten paar Male beschritten wir diesen Weg gemeinsam, bis sie Sicherheit gewann und es sich selbst auch zutraute. Für Alia waren die gemeinsamen Spaziergänge zum und vom Kindergarten ein Spass, für mich bedeuteten sie aber eine enorme Umstellung. Der gewohnte Alltag, den man sich zurechtgelegt hatte und mit dem man den Tag mit zwei Kindern am besten bestreiten konnte, war nun dahin und wich einer neuen Tagesordnung.

Ich war einerseits froh, nun auch ein bisschen Zeit wieder für mich zu haben – auch wenn es immer nur ein paar Stunden am Tag waren – oder Zeit mit Alia verbringen zu dürfen.

Ich genoss diese Zeit mit meiner Jüngsten sehr und auch sie blühte wahrlich auf. Gemeinsam liefen wir jeden Morgen durch das Dorf, sahen den Blättern an den Laubbäumen bei ihrem bunten Farbenspiel zu und zählten die bereits heruntergefallenen bunten Herbstboten. Auch durfte Alia mit ihrem neuen Kickboard zum Sportplatz ganz in unserer Nähe fahren. Es war eine ideale Strecke für Alia, um sich mit ihrem neuen Fortbewegungsgerät anzufreunden. Ich genoss diese Zeit fernab vom Baustress und den Umzugskisten besonders und wollte auch Alia eine Auszeit von den hektischen Momenten in dieser Zeit gönnen. Das war mir besonders wichtig, bekam sie doch auch den Trubel um den Umzug mit. Ich konnte mich so auch mehr um die Vorbereitungen des Umzuges kümmern. Kisten mussten gepackt werden, das Nützliche vom Unrat getrennt und ausgemistet werden. Dafür war ich verantwortlich, während Urs weiterhin tatkräftig und voller Eifer am Bau Hand angelegt hatte.

Mit einem Kind konnte ich natürlich viel mehr bewältigen als mit zwei Kindern zuhause, es verschaffte mir wieder etwas mehr Luft und Spielraum. Andererseits war ich aber auch etwas traurig, dass Malea nun in den Kindergarten ging. Ich hatte sie noch als süsses, kleines Baby in Erinnerung, wie sie in meinen Armen lag, sich an mich kuschelte und zufrieden lächelte. Und mit einem Wimpernschlag hat sie plötzlich einen kleinen Rucksack auf ihren Schultern und geht in den Kindergarten. Aus meinem süssen, kleinen Baby wurde langsam ein Mädchen. Sie wurde einfach viel zu schnell gross, am liebsten hätte ich sie so klein behalten. Nachdem ich auch sehr viel um die Ohren hatte mit dem Hausbau und dem Umzug, verflog die Zeit noch schneller und schien unaufhaltsam ihren Fortschritt zu nehmen. Oft sagte ich zu meinem Mann, dass ich den Tag herbeisehnen würde, an dem wir nun endlich eingezogen sind und wieder zur Ruhe kommen können. Unbeschwert ankommen und sich wohlfühlen im neuen Zuhause, ohne dabei stets im Hinterkopf zu haben, welcher Karton noch nicht gepackt ist, welche Schublade noch nicht leer geräumt und welcher Kasten noch nicht entrümpelt war.

Ich hatte tausend Dinge gleichzeitig zu erledigen, so schien es mir an manchen Tagen. Und je mehr Umzugskartons ich gepackt hatte, desto voller wurden die Schränke in der Wohnung, dies war jedenfalls mein Gefühl. Zu einem gewissen Zeitpunkt glaubte ich, dass sich unsere Kästen und Schubladen von selbst wieder auffüllen würden oder kleine Heinzelmännchen jeden Abend, wenn ich die Kinder ins Bett brachte, wieder anfingen, meine Kartons auszupacken. Alia fragte vor allem abends öfters nach ihrem Papi aber ich konnte ihr erklären, dass er gerade auf der Baustelle war und für uns das neue Zuhause vorbereitete.

Hätte ich zu diesem Zeitpunkt bereits erahnen können, liebe Lesenden, dass es nie dazu kommen wird, dass wir nie zusammen einziehen werden. Dass wir nie beide Kinderzimmer benötigen. Dass wir nie alle gemeinsam am Esstisch sitzen werden und uns keine Gutenachtgeschichten mehr gegenseitig erzählen würden ...

Hätte ich das alles zu diesem Zeitpunkt bereits erahnt, liebe Lesenden, ich hätte wahrlich alles liegen und stehen gelassen. Ich hätte keinen einzigen Karton mehr angerührt, keine einzige Schublade mehr ausgeräumt und keine einzige Sekunde mehr ohne meine beiden Töchter verbracht.

Warum ist das so, dass wir Dinge erst im Nachhinein zu schätzen wissen? Warum wird uns unser Glück erst bewusst, wenn wir es verloren haben? Kann es sein, dass wir uns mit zu viel unwesentlichen Dingen des Alltages beschäftigen und dabei aus den Augen verloren haben, was wirklich zählt? Nehmen wir in Kauf, dass wir wertvolle Zeit mit unseren Liebsten mit unwesentlichen Kleinigkeiten verplempern? Zeit kommt nicht mehr zurück, man kann sie nicht messen und nicht festhalten. Jeder von uns hat gleich viel Zeit am Tag zur Verfügung – aber keiner weiss jedoch, wie viel Zeit uns insgesamt bleibt. Aber das Wesentliche dabei ist, was man aus ihr macht und wofür man sie nützt. Erst dann wird Zeit zu einer messbaren Grösse von Zufriedenheit und Wohlbefinden.

Wir sollten sie nutzen und aus ihr lernen und aus ihr Profit für unser Herz und unsere Seele schlagen. Erst dann messen wir ihr die Bedeutung bei, die sie tatsächlich auch hat.

Ein Datum, das alles veränderte: 11. Oktober 2018

Kurz vor dem besagten Donnerstag, dem 11. Oktober 2018, hatte Malea Herbstferien im Kindergarten. Es waren ihre ersten richtigen Ferien überhaupt und sie hätten nicht besser beginnen können als mit einem goldenen Herbsttag. Die Sonne schien und hüllte unsere Gesichter in ein warmes Licht. Wir steckten noch inmitten der Bauphase. Mein Mann war noch immer sehr viel am Bau, kümmerte sich um die Elektrizität und verlegte unseren nigelnagelneuen Boden. Ich war schon ein bisschen stolz auf ihn, dass er handwerklich so geschickt war.

Ich hingegen war viel zuhause und kümmerte mich um die letzten Vorbereitungen für den Umzug. Langsam ging es dem Ende zu und unser Haus sollte bald schon bezugsbereit sein.

Am besagten Donnerstag selber wurden wir abermals von den spätherbstlichen Sonnenstrahlen geweckt. Die Luft war deutlich kühler und liess keine Rückschlüsse mehr auf einen Sommertag zu. Die Blätter der Bäume präsentierten ihre schönsten Farben und leuchteten um die Wette. Es war ein ruhiger Tag, die Hektik der letzten Wochen schien zumindest etwas gewichen zu sein, genauso wie die Wolken, die dem satten Blau des Herbsthimmels Platz machten. Als wir am Morgen zusammen am reichlich gedeckten Frühstückstisch sassen, hatte ich mir schon länger den Kopf darüber zerbrochen, was wir heute zusammen machen könnten – nun, da wir wieder zu dritt waren. Ich grübelte lange hin und her, wollte die gemeinsame Zeit nutzen und sinnvoll gestalten. Auch die beiden Mädchen sollten wieder etwas voneinander haben, ihre gegenseitige Anwesenheit geniessen und Spass zusammen haben. Ich hatte frei an diesem Tag und musste nicht zur Arbeit. Im Hinterkopf schwirrte mir aber sehr wohl das Wochenende vor Augen herum, ich hatte einen Teildienst am Freitag, sprich von sieben bis elf Uhr vormittags und wieder von vier bis neun Uhr abends. Am Samstag hatte ich dann einen Spätdienst, welcher um zwölf Uhr begann und um neun Uhr abends endete. Diese Aussichten waren nicht gerade vielversprechend, schon gar nicht, da ich wieder einmal beide Mädchen bei mir haben durfte. Daher fehlte mir an diesem Donnerstag ein bisschen die Energie. Ehrlicherweise hatte ich überhaupt keine Lust auf irgendwas und mein Tatendrang hielt sich stark in Grenzen.

Auch die Arbeit im Haushalt stand mir an diesem Morgen so gar nicht zu Gesicht. Ich wusste, dass die kommenden Tage noch anstrengend genug werden würden und wollte mich daher auch etwas erholen. Vielleicht war es aber auch nur einer dieser Tage, an denen man grundsätzlich zu nichts Lust hat. Es gibt solche Tage, an denen jegliche Motivation fehlt und man besser daran bedient ist, die Arbeit liegen zu lassen und einfach Nichts zu tun. Auch das gehört zu einem Familienleben dazu. Das Nichtstun. Das Geniessen und das Ruhen. Und dennoch sah ich überall Arbeit zu Hause. Wohin ich blickte, entdeckte ich Bügelwäsche, Geschirr, welches in die Spülmaschine gehörte, oder ein Regal, welches schier nach einem Staubwedel schrie. Furchtbar, wer kennt dies nicht? In einem Haushalt und noch dazu mit zwei kleinen Mädchen gibt es immer irgendetwas zu tun. Es gibt nie ein Ende, was die Hausarbeit betrifft. Kaum hat man das eine Ende der Wohnung aufgeräumt und widmet man sich dem anderen, so scheint es, als würde der erste Teil schon wieder schmutzig und unordentlich sein. Es gibt also immer irgendetwas zu tun.

Und ich glaube, jede Frau, die auch ein bisschen Hausfrau ist, kann ein Lied davon singen. Dabei gehört es dazu, dies ausblenden zu können und an sich oder seine Familie zu denken. Aber dies ist nicht immer leicht. Man kann die Arbeit, wenn sie einem vor den Füssen liegt, nicht immer ausblenden oder vergessen. Man stolpert quasi über noch zu erledigende Dinge. Ganz abgesehen davon bin ich ein Perfektionist, was diese Sachen nicht unbedingt einfacher macht. Alles muss bei mir gut organisiert und geplant sein, auch im Haushalt! Wenn ich einmal etwas nicht nach Zeitplan erledigen kann, aus welchen Gründen auch immer, so löst es in mir Unzufriedenheit und Frust aus. Ja, so ist das, wenn man mit einem Perfektionisten zusammenwohnt. Nicht immer einfach für sich selbst und schon gar nicht für die Familie. Und dennoch fehlte mir heute irgendwie die Energie für alles. Ich kann es ganz schlecht beschreiben, was mir meine Energie so geraubt hatte oder weswegen meine Akkus leer waren. Aber ich konnte mich einfach zu keiner Hausarbeit aufraffen, egal wie sehr ich mich auch bemühte. Noch dazu lud der Sonnentag gerade dazu ein, alle «Viere» gerade sein zu lassen und sich etwas Zeit für sich rauszunehmen. An manchen

Tagen ist vielleicht auch das persönliche Nervenkostüm etwas schwach besaitet. Da verträgt man einfach nichts, das kleinste Geräusch kann schon zu viel sein. Vielleicht liess an diesem Tag auch zum ersten Mal die gesamte Anspannung der letzten Wochen und Monate von mir ab. Ich war immer so gestresst und so abgehetzt, damit ich meinen Part für den Umzug einhalten konnte, dass ich keine Zeit hatte, auch nur daran zu denken, was mir guttun würde. Ich hatte keine Zeit, darüber nachzudenken, ob ich nun gerade Lust hätte oder nicht. Ich wusste, ich musste es einfach machen und funktionierte. Womöglich fiel daher auch diese Last zum ersten Mal von mir ab und mein Körper zeigte mir, dass ich selbst dringend meine Akkus wieder aufladen sollte. Auch die eigenen Kinder können einem an solchen Tagen schnell auf die Nerven gehen. Daher grübelte ich lange hin und her, was wir machen könnten, an was die Kindern Spass hätten? Wie sehr ich mich einfach auf die Zeit nach dem Hausbau sehnte, in der ich mich wieder voll und ganz auf meine kleine Familie konzentrieren konnte. Ihr meine ganze Energie zu widmen, hatte wieder oberste Priorität und sollte nach der Fertigstellung des Hauses wieder angedacht werden. Noch hinzu kam, dass meine Kleinste die Tage zuvor gesundheitlich angeschlagen war. Bei uns im Dorf ging die Hand-Fuss-Mund-Krankheit umher und natürlich wurden auch wir von ihr nicht verschont. Wir verbrachten so viel Zeit auf dem Spielplatz, Zeit mit anderen Freunden und mit anderen Kindern, dass es fast klar war, dass es uns auch erwischen würde. Seltsamerweise brach die Krankheit nur bei Alia aus. Malea hingegen hatte nichts, nicht einmal die leisesten Anzeichen. Während ihre Schwester mit hohem Fieber im Bett lag, übersät von Pusteln an den Füssen sowie an den Händen und ein paar am Mund, zeigte Malea überhaupt keine Symptome. Alia erholte sich langsam wieder von ihrer Krankheit und war daher noch nicht hundertprozentig fit. Aber die letzten Wochen, als Alia mit hohem Fieber im Bett lag und kaum mehr essen wollte, waren sehr intensiv für mich. Sie brauchte in dieser Zeit immer sehr viel Aufmerksamkeit, und ich machte mir natürlich verständlicherweise unendliche Sorgen. Ich denke, das ist jeder Mama, die gerade diese Zeilen liest, bekannt. Wenn die eigenen Kinder krank sind, dann leidet man immer mit und würde sich wünschen, man könne ihnen dies ersparen oder vielleicht sogar abnehmen. Sie tun einem dann so leid, man leidet selbst so sehr, als wäre man auch von dieser Krankheit betroffen. Auch und vielleicht gerade aufgrund Alias Krankheit in den vergangenen Wochen wollte ich, dass es ein schöner Tag für uns alle wird. Meine Mädchen sollten nicht fühlen, dass ich heute nicht so ganz in Höchstform war. Nach langer Grübelei dachte ich, ich könnte eine Freundin fragen, ob sie nicht vorbeikommen möchte. So könnten unsere Kinder gemeinsam miteinander spielen, sie verstanden sich grossartig und hatten immer richtig Spass dabei. Und auch wir Mütter hätten dazu ein bisschen Zeit uns auszutauschen. Ich entschloss, ihr eine SMS zu schreiben, und prompt kam die Nachricht retour, dass sie gerne vorbeikämen.

So verbrachten wir einen fabelhaften Vormittag in unserem Garten. Die Kinder spielten und tobten ausgiebig miteinander und es war eine Freude, ihnen dabei zuzusehen. Jedes Mami kennt das Gefühl wahrscheinlich, wenn sie ihre Kinder beobachtet, wie sie unbeschwert lachen und herumtollen, ohne Ängste, Sorgen oder Probleme. Ein wundervoller Anblick! Ich genoss jede Minute und konnte meine Augen nicht von den spielenden Kindern abwenden.

Der Morgen verging wie im Flug. Ein Sturzflug für Alia wohlgemerkt, denn zum Abschied hatte das Kind meiner Freundin sie noch unabsichtlich verletzt. Es passierte beim Spielen und das kann schon einmal vorkommen. Alia hatte eine Verletzung an der Wange und weinte bitterlich. Ich habe sie in den Arm genommen, ihr ein Lied vorgesungen und versucht, sie zu beruhigen. Es dauerte etwas, bis sich meine Kleine wieder gefasst hatte. Die Wunde an der kleinen, rosaroten Backe schwoll ein bisschen an. Ich wollte meinem Mann ein Foto senden, nicht, dass er sich abends vielleicht erschrecken würde. Aber Alia wollte es einfach nicht zulassen und so liess ich von meinem Vorhaben ab. Ich musste ja auch nicht unbedingt ein bildliches Zeugnis des Geschehens haben.

Wir verabschiedeten uns alle voneinander, meine Freundin hatte noch ein wenig ein schlechtes Gewissen wegen des Vorfalls. Für mich war aber klar, dass es beim Spielen passiert sei und somit keine Absicht. Die Sache war für mich erledigt. Was allerdings noch nicht erledigt war, war der Einkauf. Wir mussten also nach Alias Mittagsschlaf nochmals los.

Da kam mir der Gedanke, ich könnte nach dem Einkauf auch noch einen kurzen Zwischenstopp bei unserem Haus machen. Ich war ohnehin schon sehr neugierig, wie weit unser Bau nun schon fortgeschritten war. Die Fassade wurde frisch gestrichen und das wollte ich an diesem Tag gerne noch sehen. Wir machten uns also zunächst mit dem Auto auf den Weg zum Einkaufen. Wieder zuhause angekommen, fragte ich meine Nachbarin, ob sie auch Lust hätte, mitzukommen. Bestimmt war sie genauso gespannt auf ihre Baustelle wie ich auf meine. Natürlich sollte ich Recht behalten, und wir fuhren also gemeinsam mit dem Postauto zum nächsten Dorf, wo unsere Baustellen lagen. Es wäre natürlich mit dem Auto einfacher gewesen, aber ich wusste, dass meine Mädchen immer eine riesige Freude haben, wenn wir mit dem Postauto fahren.

Die Fahrt dauerte nicht allzu lange, aber die Kinder – und ganz besonders Alia – hatten sichtlich Spass an der erheiternden Fahrt mit dem öffentlichen Verkehrsmittel. Sie wären am liebsten gar nicht mehr ausgestiegen, aber irgendwann waren wir dann angekommen und mussten den Bus verlassen. Nur ein kleines Stückchen zu Fuss der Strasse entlang und wir waren bei unserem neuen Haus angekommen.

Und tatsächlich! Die Fassade war schon gestrichen und ich wollte das Haus unbedingt mit dem neuen Anstrich fotografieren. Also zückte ich mein Handy und richtete die Linse der Fassade entgegen. Ich schoss ein paar Fotos, bis mir auffiel, dass ich Alia mit auf dem Bild hatte. Sie stand neugierig vor dem Haus. Ich betrachtete es eine Weile, irgendwas fesselte mich an diesem Foto, irgendetwas war speziell. Ich kam aber nicht dahinter – noch nicht. Ich sah das frisch gestrichene Haus und hatte auch noch die Kurve der Strasse abgelichtet, die zur Einfahrt führte. In dieser stand Alia, mit dem Rücken zur Kamera. Sie lief gerade die letzten Meter hoch, auf den Schultern ihren kleinen, süssen Rucksack. Es war ein zuckersüsser Anblick. Der flauschige, zartrosarote Rucksack auf dem kleinen Rücken war ein Hingucker. Ihre Füsse trugen bereits Herbstschuhe und ihre blaue Jacke vollendete die fröhliche Farbkombination. Das Foto strahlte Lebensfreude und bunte Vielfalt aus, obwohl ich nur den Rücken von Alia erwischte. Aber man brauchte ihr Gesicht gar nicht zu sehen, um die Fröhlichkeit in diesem Bild zu spüren. Aber gleichzeitig war da eine seltsame Stimmung mit dabei. Etwas, dass ich mir nicht erklären konnte, aber ich fühlte, irgendwie sollte dieses Bild etwas ganz Besonderes sein.

Es sollte mehr sein als nur ein flüchtiger Schnappschuss einer Baustelle. Viel, sehr viel mehr sogar. Es sollte eine Art Zeitzeuge werden, eine bleibende Erinnerung an einen der fröhlichsten Momente. Als wollte es mir eine versteckte Botschaft senden. So sollte ich Alia in Erinnerung behalten, ihre letzten Stunden als fröhliches, lebensbejahendes Kind…

Um ca. 17 Uhr hatten wir dann alles erledigt und konnten wieder retour fahren von unserem kleinen Ausflug. Wir hatten so viel Spass zusammen, dass ich gar nicht an die Hausarbeit denken konnte. Aber ich wusste, sie würde zuhause auf mich warten. Ich hatte noch so einiges zu tun, und nachdem ich ohnehin sehr pingelig bin, wusste ich, dass ich bis zum Abendessen nicht fertig werden würde. Zumindest nicht so weit, dass ich meinen eigenen Anforderungen und Bedürfnissen gerecht geworden war. Ich beschloss daher, mir an dem Abend keinen zu grossen Druck zu machen. Auch dafür muss einmal Platz sein im ohnehin hektischen Alltag mit Umzugsstress und so ... Also fing ich an, das Abendessen zuzubereiten. Wir assen eigentlich immer gemeinsam als Familie zu Abend und meistens eine kalte Speise. Es war unsere Familienzeit, mein Mann kam immer spätestens um 18 Uhr nach Hause, so konnte er auch noch ein wenig Zeit mit seinen Töchtern verbringen, bevor sie zu Bett gingen. Es war immer ein sehr harmonischer Moment am Esstisch, aber diesmal verspätete sich mein Mann wohl etwas.

Wir begannen daher zu dritt zu essen. Ein reines Damendinner sozusagen. Alia war unruhig und hat gequengelt. Offensichtlich konnte sie spüren, dass ich mich nach Urs sehnte. Kinder sind in dieser Hinsicht äusserst sensibel und können die Ängste der Eltern spüren und somit auch die angespannte Stimmung übernehmen. Vielleicht war ich deshalb an diesem Abend nicht ganz so streng zu ihr. Normalerweise lege ich sehr viel Wert auf ein Sitzenbleiben am Tisch und beim Essen. Aber heute Abend war irgendwie alles anders, und ich liess Alia sogar bei mir sitzen. Sie spürte wohl, dass ich etwas enttäuscht und traurig war, dass unsere kleine Familie nicht komplett war an diesem Abend. Sie fragte mich auf eine besorgniserregende und gleichzeitig kindlich fürsorgliche Art, ob ich denn traurig sei, ohne vielleicht genau zu wissen, was dies denn bedeutete. Ich wollte sie trösten und ihr gleichzeitig nicht das Gefühl geben, dass etwas nicht stimmte und ich traurig sei, auch wenn Alia mit ihrer Vermutung natürlich recht hatte.

Alia machte daraufhin lustige Bewegungen, als wolle sie mich ablenken. Sie schaffte es immer wieder, uns alle aufzuheitern, wenn die Stimmung einmal gedrückt war oder wir nicht alle bester Laune waren. Ich beobachtete ihre Figuren und musste sogar schmunzeln. Belustigt blickte ich zu Malea und meinte, sie habe eine tolle kleine Schwester. Malea war sich dessen sehr wohl bewusst und nickte mit einem Lachen. Sie betonte, wie lustig sie Alia doch fand.

Aber auch Alia fragte an diesem Abend nach ihrem Papa. Ich erklärte ihr, er würde wahrscheinlich auf der Baustelle sein, zumindest war dies auch meine erste Vermutung. Ich wüsste sonst selbst nicht, wo er noch sein könnte. Ich erinnerte mich, dass Alia ihren Papa zuletzt auch auf der Baustelle gesehen hatte, vielleicht wollte ich deshalb auch dieses vertraute und ihr bekannte Bild in ihr wecken. Wir haben ihm Essen gebracht, eine kleine Stärkung für zwischendurch. Alia sass im Auto und reichte ihrem Vater Brot und Wurst aus dem Fenster. Ein herrlicher Anblick, wie meine Kleine die Brotzeit ihrem Vater entgegenstreckte. Einer der so vielen besonderen Momente, die wenn man wüsste, sie würden die letzten sein, definitiv erinnerungswürdig waren …

Nachdem meine Jüngste es wieder einmal geschafft hatte, den Moment zu retten, und mir doch noch ein herzhaftes Lachen entlocken konnte, war ich in dieser Sekunde wieder etwas abgelenkt. Die aufgeheiterte Stimmung hielt aber nur ein klein wenig an, sie war leider nicht von gewünschter Dauer. Mein Blick fiel auf den leeren vierten Platz, der keine Spuren eines Abendmahls aufwies. Es war der Platz von Urs, meinem Mann, der immer noch nicht nach Hause gekommen war. Ich beschloss, meine Gefühle kundzutun und an denjenigen zu adressieren, der als ihr Auslöser galt. Also rief ich meinen Mann an. Ich wollte wissen, wo er denn sei und wann er nun nach Hause komme. Immerhin hatte er die Kinder das letzte Mal gestern Abend und nur ganz kurz gesehen, und es wäre schön, wenn er mit ihnen heute noch ein wenig Zeit verbringen könnte, bevor sie zu Bett gehen. Er war die beiden letzten Abende nach der regulären Arbeit immer auf der Baustelle und schaffte es daher nicht, die Kinder noch munter in seine Arme zu schliessen. Ich erreichte ihn auch gleich und er meinte, er sei noch auf einer Messe, mache sich aber bald auf nach Hause.

Ich war irgendwie irritiert, denn ich wusste nicht, dass er auf dieser Messe war. Er erzählte mir, dass er in der Ostschweiz auf dieser Messe zugegen war, gemeinsam mit seinem Vater, um sich dort ein bisschen auszutauschen. Sie fanden, es sei der ideale Ort, um das Netzwerk auszubauen und ein paar neue Kontakte zu knüpfen. Zudem gab es eine kleine Degustationshalle, die sich hervorragend eignete, um interessante Gespräche zu beginnen. Ich unterstütze meinen Mann immer und bei allem, aber irgendwann wäre es auch an der Zeit gewesen, dass ihn seine Mädchen wieder einmal zu Gesicht bekämen. Ich konfrontierte ihn auch gleich mit diesem indirekten Vorwurf und betonte, dass ich davon gar nichts gewusst hatte. Er betonte, er wolle nicht lange bleiben, nur ein bisschen Netzwerken und das Business vorantreiben. Ich konnte mich mit dieser Antwort noch nicht zufriedengeben und wiederholte mit Nachdruck, dass die Kinder um 19 Uhr ins Bett gehen würden. Innerlich war ich schon etwas wütend, auch wenn ich wusste, er macht das alles für uns. Aber dennoch wollte ich in diesem Moment seine Vaterrolle betonen und dass die Kinder ihn bereits schmerzlich vermissten.

Ich dachte bei mir, dass musste nun wirklich nicht sein, dass er nun nach den Abenden am Bau auch noch einen weiteren Abend in Folge nicht zuhause verbrachte, sondern auf der Messe. Der Zeitpunkt war für mich der denkbar ungünstigste und ich sah den Sinn hinter dieser spontanen Aktion auch nicht wirklich. Mit diesem Widerspruch in mir aus Verständnis für das Business, aber Unverständnis für unsere Situation gerade, bat ich ihn eindringlich, nun nach Hause zu kommen. Bestimmt bemerkte er meinen klaren Nachdruck in der Stimme, beteuerte mir aber, er müsse zunächst seinen Vater zum Aufbruch bewegen. Dann könnten sie erst Richtung Auto starten und sich auf den Heimweg machen. Die Stimmung auf dieser Messe ist immer sehr ausgelassen, es wird viel gegessen und getrunken, und er war sich nicht sicher, seinen Vater zur baldigen Heimreise bewegen zu können. Er bemerkte, dass ich mit dieser Aussage nicht gerade glücklich war, um es milde zu formulieren. Daher versicherte er mir, so rasch wie möglich zu uns zu kommen. Ich war immer noch nicht sonderlich milde gestimmt, aber ich konnte die Situation nun nicht mehr ändern. Ich sah mich um und entdeckte den riesigen Wäscheberg, der nur darauf wartete, gebügelt, zusammengelegt und versorgt zu werden. Er sprang mir beinahe ins Gesicht, es war sehr schwierig, nicht hinzusehen.

Andererseits würden die Kinder aber auch baden wollen. «Was mach ich denn nun?», dachte ich für mich. Beides würde ich alleine nicht schaffen und auch die Zeit wäre nicht ausreichend dafür. Für die Mädchen war jedoch beides in Ordnung, denn sie lieben es, wenn ich bügle. Sie bekommen dann immer flauschig weiche und noch warme «Nuschelis», also Kuscheltücher von mir. Ich sehe ihnen gerne zu, wie sie ihre kleinen, spitzen Näschen in die Baumwolle drücken und an der frischen Wäsche riechen oder aber sich mit den «Nuschelis» über die Wange streicheln, um die Wärme zu spüren, wenn sie frisch gebügelt sind. Sie verkriechen sich dann damit in ihr Bett, es scheint eine wohltuende und beruhigende Wirkung auf Malea und Alia zu haben. Je mehr ich diese süssen Bilder in meinem Kopf hatte, desto klarer fasste ich den Gedanken, nun zu bügeln.

Ich bereitete mir daher alles in meinem Wohnzimmer vor, um dem Wäscheberg an den Kragen zu gehen – wortwörtlich. Meine Mädchen waren ganz in meiner Nähe, und als sie mitbekommen hatten, dass Mama nun das Bügelbrett und das Bügeleisen herholte, brachten sie mir schon ihre Nuschelis aus ihren Kinderzimmern und konnten es kaum erwarten, dass ich sie warm machte.

Kaum hatten sie ihre Kuscheltücher bei mir abgegeben, liefen sie in ihr Kinderzimmer zurück. Ich konnte sie zunächst noch sehen, aber ich wusste, ich musste immer ein wachsames Auge auf die beiden haben. Vor allem auf Alia. Ihr sass hin und wieder wahrlich der Schalk im Nacken und sie hatte auch eine Angewohnheit, alles in den Mund zu stecken. Je mehr ich mich dann sorgte und ihr nachrannte, desto lustiger fand sie unser vermeintliches Spiel. Sie wusste also, wenn sie etwas in den Mund steckte und ich dies mitbekäme, würde ich ihr nachlaufen. Und das durfte ich nicht ausufern lassen, denn eigentlich ist das ziemlich gefährlich für Kinder in ihrem Alter. Ich hatte sodann meine eigene Methode entwickelt, um das Spiel zu entschärfen. Ich reagierte nicht mehr prompt darauf mit zu viel Aufmerksamkeit und lief ihr nicht mehr hinterher. Ich wartete einen Moment, ging dann langsam auf sie zu und kontrollierte ihren Mund.

So konnte ich die Situation sehr schnell in den Griff bekommen und das kindliche Denkmuster durchbrechen. Im Alltag ist das natürlich eine grosse Herausforderung, denn ich wusste, es durfte nichts Gefährliches am Boden oder in ihrer unmittelbaren Nähe liegen. Daher musste ich nach jeder Bastelstunde – und wir haben immer viel und tolle Sachen zusammen gemacht – alles säuberlich aufräumen und mich nochmals vergewissern, dass ich weder in ihrem Kinderzimmer noch im Wohnzimmer etwas herumliegen liess.

So wie zum Beispiel an jenem Tag, als wir bunte «Papp-Schüsselchen» bastelten. Das war ein irrer Spass und die Kinder konnten ihrer Kreativität völlig freien Lauf lassen. Ich hatte dazu eine Tüte voll Luftballone besorgt, die ich etwa zur Hälfte, also handballgross, aufgeblasen hatte. Jeder bekam genau einen und der wurde dann auf der einen Seite mit Bastelkleber und Pappmasche verziert. Wenn die Mischung aus Kleber und Pappe fest geworden ist, kann man die Ballone aufschneiden und so erhält man halbrunde Schüsselchen. Diese haben wir dann noch mit kunterbuntem Seidenpapier verziert – sie hatten alle Farben, von knallblau bis leuchtendgelb. Vor allem Malea liebte unsere gemeinsamen Bastelstunden sehr. Aber ich musste danach auch wieder auf Nummer sicher gehen, dass ich alle Überreste der kaputten Gummiballone entsorgt und auch sonst keinen Luftballon vergessen hatte. Ich war hier immer sehr genau und penibel und konnte keinen fehlenden Ballon aus der Verpackung erkennen. Aber nicht nur beim Basteln, sondern auch beim Verkaufsladenspielen musste ich immer auf der Hut sein. Wir hatten hierzu verschiedene graue Spielmünzen aus Plastik, grössere und auch kleinere. Sogar eine Kinderkassa war dabei, um das Rollenspiel möglichst echt zu gestalten. Vielleicht liebten es die Mädchen gerade wegen der vielen echten Details. Alle Plastikmünzen mussten nach dem Spiel wieder sorgsam eingesammelt und verwahrt werden. Es war schon fast ein Ritual geworden, dass ich die Münzen abzählte. Oder zumindest eine Routine, die ich niemals ausliess. Nur so konnte ich sicher sein, dass Alia nicht auf dumme Gedanken käme. Schliesslich kann sie es mit ihren süssen, jungen Jahren ja auch noch gar nicht richtig abschätzen, wie gefährlich das sein kann. Malea war hier die vernünftigere von beiden, bei ihr musste ich mir weniger Sorgen machen. Sie war in einem Alter, wo sie verstand, was man ihr erklärte. Aufgrund meiner Achtsamkeit war ich mir daher sicher, dass ich alles von unseren Bastelausflügen und Spieletagen der letzten Tage weggeräumt hatte aus ihren Zimmern und machte mir keine schlimmen Gedanken dabei, als die Kinder wieder in ihr Kinderzimmer liefen, während ich noch am Bügeln war. Gerade eben sind sie noch an mir vorbeigeflitzt, mit voller Energie und tobend – wie das meistens bei Kindern vor dem Zubettgehen so ist. Dann ging auf einmal alles ganz schnell…

Ich hatte noch nicht einmal das Bügeleisen und das Stück Wäsche, das ich gerade bearbeitet hatte, zur Seite gelegt, da hörte ich auch schon einen bedrohlichen Ton aus dem Kinderzimmer kommen. Es ist einer jener Töne, die man niemandem wünscht, dass er sie hört, und von dem man schon gar nicht möchte, dass er aus dem eigenen Kinderzimmer kommt. Nicht aufgrund seiner Lautstärke oder seiner Höhe oder Tiefe. Nein, aufgrund seiner Gefährlichkeit, die in ihm mitschwingt. Man kann es schlecht wiedergeben oder beschreiben. Es hörte sich beinahe so an, als ob man einen Staubsauger auf volle Geschwindigkeit aufdrehen würde, dieser etwas Sperriges und Grosses einsaugen und daraufhin abgedichtet werden würde. Ein schneller Luftzug mit hohem Ton, wie ein rascher Luftzug, der in Panik geschah. Es war ein spezielles Geräusch, von dem ich sofort wusste, es hatte nichts Gutes zu bedeuten. Gar nichts Gutes ...

Auf dieses Geräusch folgte ein Hilferuf von Malea an mich. Sie schrie aus dem Kinderzimmer in meine Richtung: «Mami, Mami, Alia!» Da wusste ich bereits, hier stimmte etwas nicht. Maleas Worte hatten einen verzweifelten und gleichzeitig verängstigten Unterton, den ich so zuvor selten bei ihr gehört hatte. Ich wusste auch, dass das nun nicht gespielt war und dass ich nun dringend reagieren müsste. Meine grosse Tochter ist normalerweise von eher ruhiger Natur. Mir war sofort klar, dass, wenn sie einmal lauthals schrie und einen solchen Panikausbruch in ihrer Tonlage hatte, etwas nicht stimmen konnte. Ich rannte bereits sofort, nachdem ich dieses seltsame Geräusch vernommen hatte, in das Kinderzimmer. Maleas Hilferufe kam mir daher auf halbem Wege entgegen. Ich wusste, ich musste schnell sein und durfte nicht zuwarten. In dieser Situation funktioniert man unglaublich gut und reagiert sehr schnell als Mutter. Es war hier bestimmt auch der mütterliche Instinkt, der mich so schnell werden liess.

Kaum im Kinderzimmer angekommen, war das Geräusch verstummt. Es war einmalig, aber deswegen nicht weniger bedrohlich. Ganz im Gegenteil. Ich erblickte Alia und konnte ihre weit geöffneten Augen erkennen, die mich ängstlich und in Panik anstarrten. Ich konnte beinahe durch ihren starren Blick hindurchsehen, als ob sie mich gar nicht mehr bewusst ansehen würde. Ihre Augäpfel wurden gross und jegliche Mimik aus ihrem kleinen Gesichtchen war in diesem Augenblick verschwunden. Ihr weit geöffneter Mund vermittelte mir, dass sie verzweifelt versuchte, nach Luft zu ringen, um ihre kleinen Lungen mit wertvollem Sauerstoff zu füllen. Sie stand wie angewurzelt neben Maleas Bettchen und rührte sich nicht mehr. Nichts. Stille. Im Kinderzimmer herrschte auf einmal eine unheimliche Stille. Zuvor hörte ich noch Kinderlachen und die Mädchen miteinander reden, dann den bedrohlichen Ton und dann nichts mehr.

Ich werde diesen Blick nie wieder los, er brannte sich in mein Gedächtnis ein, wie es eigentlich kein Gesichtsausdruck des eigenen Kindes sollte.

Ihr Anblick war herzzerreissend und ich wusste, ich musste reagieren, ich durfte nicht schwach werden oder den Mut verlieren. Ich musste handeln. Rasch!

Mein erster Gedanke war, ich müsse nachsehen, ob Alia etwas verschluckt habe, aber ich konnte in ihrem Mund nichts sehen noch ertasten. Also schnappte ich mir ihren kleinen Körper, der mir immer noch weder Mimik noch Gestik entgegenbrachte, bückte mich zu ihr herunter und legte sie über meine Knie. Ich klopfte ihr mehrfach auf den Rücken, sodass, wenn sie etwas verschluckt haben sollte, die Möglichkeit bestünde, es wieder nach oben zu befördern. Aber meine Versuche waren vergebens und es tat sich nichts. Ich entschloss mich kurzerhand dazu, den Heimlichgriff bei meiner Tochter anzuwenden. Aus Erfahrung meiner beruflichen Tätigkeit heraus wusste ich, dass man diesen Griff bei kleinen Kindern eigentlich nicht anwenden sollte, dieser sogar kontraproduktiv wäre, da man die empfindlichen Organe von Kindern schädigen oder quetschen könnte. Jedoch wusste ich mir keinen anderen Rat und wog das Risiko ab. Malea hörte nebenbei nicht auf zu schreien. «Mama, Mama, Hilfe», kam es wiederholt aus ihrem entsetzten Mündchen. Ich nahm dies aber nur sekundär war, ich war beschäftigt und gefangen in der Situation, Alia das Atmen wieder zu ermöglichen. Mir wurde bewusst, dass es nun an mir lag. An mir ganz alleine. Nur ich könnte Alia jetzt helfen, ihr den dringend notwendigen Sauerstoff geben und ihrem Körper wieder Leben einhauchen. Es machte sich Panik in mir breit. Zunächst war es die Angst um mein Kind, aber dann kam diese entsetzliche Panik noch hinzu, dass ich ganz alleine war mit der Situation. Ich konnte nicht aus dieser raus. Es gab in diesem Moment kein Weglaufen oder Entkommen für mich. Ich war alleine auf mich gestellt, hatte das Leben meiner jüngsten Tochter in meinen Armen und nur ich alleine konnte darüber entscheiden. Ich wusste, ich war dieser Dramatik nicht mehr gewachsen, ich musste Hilfe holen, die Situation spitzte sich immer mehr und mehr zu. Mit jeder Sekunde, die verging, wurde es bedrohlicher und ich entschied, mit Alia auf dem Arm direkt zu den Nachbarn zu laufen, die Tür an Tür mit uns wohnten. Ich stürmte in ihre Wohnung, ohne an der Türe zu klopfen, aber ich fand niemanden vor. Also rannte ich retour in meine Wohnung und legte Alia schliesslich auf den Boden. Als sie fast den Boden berührte, bemerkte ich, wie träge und schlaff ihr Körper bereits war, der sich immer noch innerlich gegen den sicheren Erstickungstod wehrte.

Als sie den Boden berührte, sah ich, wie sie ihre Augen verdrehte, in einer Art und Weise, die mir Gewissheit gab, wie ernst die Lage nun mittlerweile war. Ihr kleiner Körper, der sonst immer vor Energie und Lebenslust herumzappelte, lag nun leblos und regungslos auf dem Boden.

Ich ergriff mein Handy und wählte den Notruf, während Malea immer noch schreiend neben mir stand. Als ich die rettende Stimme am anderen Ende der Leitung wahrnahm, schrie ich wirr in den Hörer. Im Hintergrund war immer noch Malea zu hören, man konnte kaum verstehen, was ich ins Telefon gestammelt hatte. «Ich brauche jetzt Hilfe, mein Kind stirbt!», gab ich verzweifelt von mir. Der Mann am anderen Ende erkannte aus meiner verzweifelten und mit Panik versetzten Stimme, dass er es hier mit einem echten Notfall zu tun hatte, und reagierte prompt. «Es hat keine fünf Minuten mehr Zeit, ich brauche JETZT Ihre Hilfe», beteuerte ich abermals. Ich war beinahe hysterisch, schrie aus grösstem Schrecken den Mann an. Er kam kaum zu Wort und auch Malea machte ein akustisches Durchkommen zu uns schwer möglich. Die männliche Stimme brachte mir sanft, aber klar entgegen: «Sie müssen sich JETZT beruhigen, wenn Sie Ihr Kind retten wollen. Schaffen Sie das?» Es war, als würde er bei mir einen innerlichen Schalter umdrehen und genau die Worte kennen, die es nun benötigte, um wieder zu klarem Verstand zu kommen. Ich war auf einmal wieder bei mir. Bei Alia. Ich wusste, nur ich kann sie retten. Sonst niemand. Also müsste ich mich nun zusammenreissen.

Sofort fing ich mit der Herzdruckmassage am kleinen Brustkorb an. Ich hatte dies aufgrund meiner beruflichen Tätigkeit schon so viele Male in der Theorie geübt. Aber es waren immer Puppen, an denen ich meine Kenntnisse ausprobierte. Nun ging es weder darum, das Erlernte auszuprobieren, noch um irgendwelche Puppen. Es ging um mein eigenes Kind und es war bitter real. Mein letzter Auffrischungskurs in erster Hilfe war erst wenige Wochen her und dennoch vergewisserte ich mich immer bei der Stimme am anderen Ende der Leitung, ob ich alles richtig machen würde. Erschwerend kam hinzu, dass ich dieses Mal nicht die Kontrolle über die Situation hatte. Ich wusste zwar, alles lag an mir, ob das kleine Herzchen meiner regungslosen Tochter wieder anfangen würde zu schlagen und zu kämpfen. Die Situation nicht mehr im Griff zu haben, nur mehr Passagier auf einer unendlichen Reise zu sein, ohne Gewissheit, ob man jemals an ihr Ziel kommt oder wohin sie noch führt, war für mich als Kontrollmensch doppelt schlimm. Ich musste den Gedanken der Ohnmacht loswerden, ich musste aktiv bleiben und weiterkämpfen. Für Alia. Für unsere Familie. Eigentlich wollte ich weg. Raus aus der Situation. Nur weg von hier. Wenn ich gekonnt hätte, wäre ich so schnell gerannt und so weit, wie mich meine Beine nur getragen hätten. Der Druck, der auf meinen Schultern lastete, war zu gross. Über Leben und Tod des eigenen Kindes entscheiden zu müssen, war eine Last, unter der ich zu zerbrechen drohte. Umso wichtiger war der Mann des Notrufs für mich. Er erkannte die Situation, wusste, wie es auch um meine Nerven stünde und wenn ich nun nicht gefasst reagierte, hätte Alia keine Chance mehr. Ich hielt meine Hand an ihren Brustkorb, aber er rührte sich nicht mehr. Kein Heben und Senken waren auszumachen, ich konnte keinen Herzschlag feststellen, der mir noch Hoffnung geben würde oder die Kraft, um weiterzumachen.

Sein eigenes Kind am Boden liegend zu beobachten, wie der Brustkorb sich nicht mehr ausdehnt, sich nicht mehr mit Luft füllt und keine Lebenszeichen mehr zu erkennen sind, ist eine der schlimmsten Erfahrungen, die ein Mensch in seinem Leben machen kann. Eine Erfahrung, die sich einbrennt, die nicht mehr aus dem Kopf zu bekommen ist und die man nie erleben möchte.

Der Mann vom Notruf wollte von mir wissen, ob ich beurteilen könnte, ob Alia noch atmen würde. Ich dachte mir, er hätte sich diese Frage sparen können, sonst hätte ich ja nicht bereits mit der Herzdruckmassage angefangen. Er bemerkte meine angespannte Lage und bemühte sich daher doppelt um mich. Er leitete mich zur Herzdruckmassage an, zählte mit ruhiger, aber bestimmter Stimme mit und animierte mich so, weiterzumachen. Er gab mir das Tempo vor, und ich vergass rundherum um mich alles.

Ich konzentrierte mich auf seine Stimme, seinen Atem, zählte verbissen mit. Seine Zahlen hatten etwas Fesselndes und Beruhigendes auf mich. Ich konzentrierte mich voll und ganz. Hätte er auch nur eine einzige Ziffer übersprungen oder ausgelassen, mir wäre dies nicht entgangen.

Als er merkte, er habe mich unter Kontrolle, wies er mich auch in die Mund-Nasen Beatmung ein. Er ging wohl gleich davon aus, dass es sich eventuell um ein Bolusgeschehen handeln könnte und vielleicht eine Mund-zu-Nasen-Beatmung sinnvoller wäre, da sich hier der Kehlkopf schliesst, auf ein Nervengeflecht drückt und somit den sofortigen Herzstillstand verursachen könnte. Mehr hatte er auch aus meinen vagen Vermutungen nicht entnehmen können, ich wusste auch nicht genau, was passiert sei, wohl aber, sie müsse etwas verschluckt haben.

Ich folgte jeder seiner Empfehlungen und das Beatmen meiner Tochter wirkte auf mich auf einmal unglaublich befreiend.

Ich konnte ihr aktiv Sauerstoff zuführen und somit helfen. Das ist das Beste, was ich gerade für sie tun kann und sie wird dadurch wieder Luft bekommen, dachte ich. Zumindest so lange, bis der Notarzt oder die Ersthelfer vor Ort sind. So lange könnte ich die Situation im Griff haben und sie könnte mit meiner Hilfe atmen. Plötzlich bemerkte ich, dass Alia aus Nase und Mund zu bluten begann. Ich wusste, es ginge hier schon mehr um Tod als um Leben, aber ich wollte stärker sein. Ich wollte nicht zulassen, dass eine dunkle Gestalt meine Tochter auf die andere Seite mitnehmen könnte, und kämpfte noch stärker und vehementer dagegen an und liess nicht ab von ihr. Während ich meine letzten Kräfte mobilisierte, um weiterzumachen, weiterzukämpfen, fragte mich die Stimme am Telefon, ob ich denn alleine sei. Der Mann bemerkte, dass Malea immer noch schrie – ich hatte das mittlerweile vollkommen ausgeblendet und mich nur auf Alia konzentriert. Ich erwiderte, ich sei alleine und dass mein Mann auf dem Nachhauseweg sei.

Ich hatte Angst, dass mein Mann Urs plötzlich in der Tür stehen könnte und das Elend mitansehen musste. Ich wollte ihn davor schützen. Gleichzeitig aber hatte ich ihn mir herbeigesehnt als Unterstützung. Ich wollte Beistand von irgendjemandem, also fasste ich einen völlig absurden Gedanken …

Ich schickte Malea los, um Hilfe zu holen. Wohlwissend, dass ich ein kleines Kind damit mehr als überfordere, wusste ich mir keinen anderen Rat. Ich wusste, sie könnte das schaffen, ich musste mein Vertrauen in sie setzen. Zudem wurde mir klar, dass auch der Notarzt gar nicht ins Haus käme, wenn ihm niemand öffnen würde. Und ich konnte unmöglich unterbrechen. Nichts in der Welt hätte mich vom kleinen Brustkorb abbringen oder losreissen können. «Malea, geh zu Oma und Opa und hole Hilfe!», flehte ich meine Älteste an. Sie schien mich zu verstehen, war aber völlig überfordert mit der Situation und rannte immer nur in den Hausflur hinaus und dann wieder zu mir zurück, ohne Hilfe zu holen. Sie konnte sich einfach nicht von mir entfernen und wollte die Treppe zu den Grosseltern nicht hochlaufen. Sie lief immer nur hin und her zwischen mir und dem

Flur, als sie plötzlich auf die Nachbarin der Gartenwohnung im Hausgang stiess, die ihr ihren Weg versperrte. Malea konnte sie um Hilfe bitten und sie kam in meine Wohnung, fand mich über Alia kniend vor, als ich mitten in der Reanimation war. Sie sah mich schockiert an, reagierte aber prompt und fragte, was sie machen sollte. «Hol den Notarzt», konnte ich ihr mitteilen zwischen zwei Atemzügen. Sie rannte sofort mit Malea zur Eingangstüre um den Notarzt einzuweisen. Malea blieb bei ihr und so konnte ich mich voll und ganz um meine wichtige Funktion kümmern.

Es vergingen nur wenige Minuten, die mir aber wie eine gefühlte Ewigkeit vorkamen, als die First Responder bei uns eintrafen. Ich erkannte aber nicht, dass es keine Sanitäter waren, ich hatte nur einen Tunnelblick für mich und meine Aufgabe, die ich zu erfüllen hatte. Mein Wille war eisern in diesem Moment, ich durfte nicht unterbrechen, keinen Atemzug auslassen, keine Zahl überspringen. Von eins bis zehn und wieder von vorne. Die Ersthelfer vor Ort, wie ich später herausfand, waren Leute der Feuerwehr. Sie übernahmen die Herzdruckmassage und verlangten noch mein Handy. Sie wollten mit der 144 Rücksprache halten und sich einen Überblick über die Situation verschaffen. Ich ging raus und konnte zum ersten Mal die bedrohliche Situation verlassen und die Verantwortung abgeben. Eigentlich müsste ich erleichtert sein, aber es fühlte sich nicht so an. Ich nahm Malea auf den Arm und meine Nachbarin fragte, ob sie etwas machen könnte. Nachdem die First Responder immer noch mein Handy benutzten, bat ich sie, meinen Mann und meine Mutter anzurufen und sie von den Geschehnissen zu unterrichten. Sie kam meinem flehenden Wunsch sofort nach und informierte Urs kurz und bündig, er sollte auf dem schnellsten Wege nach Hause kommen. Ebenso rief sie danach meine Mutter an. Ich ging dann wieder rein zu Alia, hatte Malea auf dem Arm und die Notrufzentrale gleich wieder am Ohr. Der Mann teilte mir mit, ich solle ihn später unbedingt nochmals anrufen. Warum, war mir in dem Moment nicht klar, aber ich hinterfragte diesen Gedanken auch keine Sekunde. Ich bedankte mich bei ihm für seine Unterstützung und beendete das Telefonat. Ich sah Alia dort liegen, mit aufgeschnittenem T-Shirt. Auch Malea hat ihre Schwester in diesem Zustand gesehen. Ein Anblick, den ich ihr nur allzu gerne erspart hätte. Ihr und mir.

Um kurz nach halb sieben, also nur knapp nach Eintreffen der Ersthelfer, war dann auch die Polizei vor Ort. Sie hatte den Rettungsdienst von zwei benachbarten Dörfern im Schlepptau. Ich glaube, ich zählte dann insgesamt vier Notärzte, die sich allesamt um das Leben meiner kleinen Alia bemühten. Aber genau kann ich es nicht mehr sagen, ich nahm die Umgebung nicht mehr bewusst wahr. Zu viele Personen, die dann in unserer Wohnung standen, so viele fremde Gesichter und die erdrückende Stimmung. Wie sehr ich mich nach einem mir bekannten Gesicht aus der Familie sehnte, das mir Halt und Zuspruch geben könnte. Dann, endlich! Die erste Person, die ich kannte, rannte mir entgegen. Es war meine Tante, sie wohnte ein Stückchen näher bei mir als meine Mutter. Diese war es übrigens, die meine Tante per Telefon informiert hatte. Es war wie ein «Stille-Post-Spiel», nur mit einem mehr als dramatischen Hintergrund. Es wurden Telefonate geführt, es wurde gesprochen und dann wieder geschwiegen. Ich war unendlich erleichtert, meine Tante zu sehen. Ich glaube, ich war noch nie in meinem Leben so froh um jedes bekannte Gesicht wie in dieser Situation! Wenn man das nicht selbst einmal miterlebt hat, dann kann man dieses Gefühl nur schwer nachempfinden.

Als ich bei meiner Tante stand, kam auch schon einer der Polizisten zu uns und fing an, mit uns zu sprechen. Ich konnte meiner Tante gerade noch vor Erleichterung in die Arme fallen, aber für mehr hatte ich in diesem Moment keine Gelegenheit. Der Polizist stellte sich vor, fragte aber nicht viel. Als ich meiner Tante endlich berichten konnte, was vorgefallen sei, hielt der Polizist inne und lauschte gespannt meinen Erzählungen. Hektisch machte er sich Notizen in seinem Notizbüchlein, er hatte alle Mühe, meinem Tempo zu folgen. Das Geschehene sprudelte nur so aus mir hervor und ich merkte, wie sich sein Schreibtempo an mein Sprachtempo anpasste. Zumindest versuchte er dies so gut, wie es ihm nur möglich war. Somit musste ich der Polizei – zumindest in diesem Moment – keine weiteren Fragen beantworten. Das hätte ich wahrscheinlich auch gar nicht gekonnt, um ehrlich zu sein. Daher war es mir auch egal, dass der Polizist meine Gefühlswelt gleich mitaufschnappte und zu Papier brachte. Nur eine Minute später hörte ich dann auch schon Rotorblätter vor meiner Wohnung kreisen. Selbst die Rega wurde nun mobilisiert und kam hinzu. Ich wusste, das konnte nur eines bedeuten, nämlich dass Alias Leben am seidenen Faden hing. Der Helikopter wird nur in ganz dringenden Fällen und als letzte Instanz hinzugezogen, als Ultima Ratio sozusagen, wenn die herkömmliche Rettungskette nicht mehr greift oder zu langsam in der Abwicklung wäre.

Es herrschte Hektik und Alarmbereitschaft unter allen Anwesenden, ich glaubte mich auch zu erinnern, dass die Polizei vor Ort meinen Mann ebenso informiert hatte. Ich beteuerte auch immer wieder, Urs sei am Nachhauseweg von der Messe. Irgendwie hatte ich das Gefühl, die Polizei könnte glauben, er könnte angetrunken kommen, und ich wollte ihnen glaubhaft machen, dass mein Mann bestimmt nicht betrunken mit dem Auto fährt.

Ich wusste aber, man hatte ihn mittlerweile erreicht und er sei auf der Fahrt nach Hause. Es kamen immer noch mehr und mehr Leute. Es schien, als pilgerten sie in Scharen herbei, wie auf einem letzten Canossagang. Ich begriff gar nicht, woher diese Leute auf einmal alle kamen. Menschen, die sich in meiner Wohnung und vor der Eingangstür tummelten, die ich nicht kannte. Manche waren in Weiss gekleidet, manche in Rot und wiederum welche trugen Uniformen. Dabei hatte ich nur den Notruf abgesetzt und somit die Rettungskette in Gang gebracht. Mit diesem regen Treiben aus Notärzten, Ersthelfern, Rega-Besatzung und Polizei hab ich nicht gerechnet.

Schliesslich, nach einer gefühlten Ewigkeit traf sie ein, die Person, auf die ich am dringendsten gewartet hatte. Zehn vor sieben war es, als ich ihren erlösenden Anblick in der Einfahrt erkennen konnte. Es war mein Mann Urs! Ich fiel ihm um den Hals, konnte die Erleichterung und Erlösung in diesem Moment nicht beschreiben. Ich hatte gleichzeitig aber auch Angst, als er kam. Wie würde er reagieren, wenn er den Auflauf von all den Menschen sah? Wie würde er sich mir gegenüber verhalten? Wäre er wütend? Er hätte doch allen Grund dazu, ich hatte die Aufsichtspflicht. Würde er losbrüllen? Oder wäre er in sich gekehrt, in Schockstarre, wenn er seine kleine Tochter, die er seit fast zwei Tagen nicht mehr gesehen hatte, nun leblos und mit aufgeschnittenem T-Shirt dort am Boden liegen sah? Sie verkabelt, um sie herum hingen bunte Schläuche, die beinahe ihren gesamten kleinen Brustkorb bedeckten.

Ich könnte es verstehen, wenn er mir nun Vorwürfe machen würde. Es war meine Schuld, ich hatte nicht aufgepasst. Ich hätte das Zimmer der Kinder nochmals kontrollieren sollen, bevor sie zum Spielen verschwanden. Hätte ich doch nur noch einmal nachgesehen, ob noch irgendwelche Reste aus Käuferläden oder Bastelstunden herum liegen würden, dann würde ich meinen Mann nun nicht in so eine ausweglose Situation bringen. Aber es war doch ein Unfall. Ein gottverdammter Unfall! Ich hätte ihn nicht verhindern können – oder vielleicht doch? Ich war in einem inneren Zwiespalt mit mir selbst.

Gefangen zwischen abgrundtiefen Schuldgefühlen, Ängsten, wie mein Mann nun reagieren würde, Wut, dass ich mein Kind nicht retten konnte, und entsetzlich tiefer Trauer, dass es so enden könnte, wie ich es eigentlich schon erahnt hatte, mir aber nie und nimmer eingestanden hätte!

Ich bemerkte, dass unsere Familie sämtliche nahen Angehörigen informiert haben musste, denn unter den Fremden mischten sich zunehmend bekannte Gesichter. Meine Schwiegereltern trafen ein, mein Bruder und mein Vater kamen angerannt und versammelten sich vor der Eingangstür.

Ich hatte mich bei allen, die eintrafen, der Reihe nach entschuldigt. Wegen mir waren sie in dieser Situation. Meinetwegen mussten sie gerade alle ihre schlimmsten Ängste ihres ganzen Lebens durchstehen. Ich könnte es verstehen, wenn man mich dafür verantwortlich machen wollen würde. Machte ich es doch selbst bereits! Und ich könnte es auch nachvollziehen, wenn Urs nicht mehr mit mir sprechen würde. Vielleicht könnte er mir nicht mehr in die Augen sehen, immerhin habe ich ihm das Liebste genommen, was man ihm nehmen konnte …

Dass Alia vielleicht schon gar nicht mehr leben würde, daran wollte ich erst recht nicht denken. Dennoch war mir bewusst, wenn jemand so lange reanimiert wurde, wären die Überlebenschancen verschwindend gering. Ich wusste das schon, als dem kleinen Wesen Blut aus Nase und Mund lief, ich aber eifrig und besessen mit der Reanimation fortfuhr. Selbst wenn sie es schaffen würde – und ich redete mir immer noch ein, sie könnte es, sie war eine Kämpferin, meine kleine Kriegerin –, so wäre sie durch die Folgeschäden des Sauerstoffmangels nie mehr dasselbe fröhliche Mädchen, das mich in ihrem verschmitzten Unterton nach ihren Lieblingsspeisen, einem Glace oder einer Pizza, fragen würde. Sie würde vermutlich nie wieder in ihrem zuckersüssen Badeanzug, wie sie ihn auf Rhodos trug, mit mir an den Strand gehen können. Nie mehr mit ihrer grossen Schwester durch das satte Grün unseres neuen Gartens laufen. Sie würde ihr neues Kinderzimmer im Haus nicht mehr so erkunden, wie sie es gerne getan hätte, und könnte uns nie mehr mit ihren lustigen Einlagen zum Lachen bringen …

Und ganz ehrlich – man möge mir dies vorhalten, mich verurteilen oder mich als moralisch verwerflichen Menschen bezeichnen –, aber ganz ehrlich wollte ich auch nicht, dass sie so ein Leben führen müsste. Dazu war sie ein zu fröhliches und aufgewecktes Kind gewesen, als dass sie ein Leben, vielleicht abseits der Realität und gedanklich weit weg von ihrer Familie, führen könnte und wollen würde. So ein Leben oder vielmehr Existieren hatte ich mir für mein Kind nicht gewünscht!

Ich teilte dies auch mehrfach meiner Mutter mit. Ich glaube, nur eine Mutter kann verstehen, was man in dieser Situation denkt, und hat das nötige Feingefühl, aber auch Verständnis für diese schweren Stunden.

Ob ich wollte, dass sie lebte? Ja natürlich! Ob ich wollte, dass sie als schwerbehindertes Kind aufwuchs, ohne Chance auf Normalität? Sie würde nie in die normale Schule mit Gleichaltrigen kommen, sie könnte auf ihrem Abschlussball nicht tanzen, geschweige denn eine glückliche Partnerschaft führen. Nein, das wollte ich nicht! Nach einer halben oder dreiviertel Stunde ohne Sauerstoff, bei wiederholten, aber fehlgeschlagenen Reanimationsmassnahmen, lag die Chance im Promillebereich, dass ich meine Alia wieder in den Armen halten würde. Jemals wieder. Bei jedem Druck durch die Reanimation, und bei jedem Beatmungsversuch wurde die Überlebenschance geringer und geringer. Als würde man ihr statt Leben einhauchen, es ihr vielmehr austreiben.

Gefangen in Selbstzweifeln, Schuldgefühlen und Zukunftsbildern, wurde ich abrupt aus meiner Gedankenwelt gerissen und Urs schenkte mir eine alles erlösende Umarmung! Diese Geste war eine der schönsten Liebesbeweise, die mir ein Mann jemals geschenkt hatte. Schöner als jeder Kuss, jedes Liebesgeständnis oder jeder Antrag…

Urs erkundigte sich sofort, was passiert sei und ob er rein könne. Ich sah ihn an, sah sein Entsetzen und seine Trauer in den Augen. Auch wenn ich mich selbst in derselben Situation befand, so konnte ich ihm nur vage nachempfinden, was in seinem Kopf nun vor sich gehen würde. Ich war ja die ganze Zeit über bei Alia, kannte jedes noch so grausame Detail und wich nicht von ihrer Seite. Mein Mann hingegen wurde quasi vor vollendete Tatsachen gestellt. Er hatte nicht die Möglichkeit, Alia zu helfen, sie zu retten, so wie ich. Auch wenn er es vielleicht genauso wenig vermocht hätte, wie ich in dieser Situation. Aber es zu versuchen, alles daran zu setzen, um sein eigenes Kind zu retten, ist noch einmal etwas ganz anderes, wie wenn einem jegliche Chance dazu bereits im Vorhinein genommen wird. Urs konnte nur als Beobachter fungieren, er hatte keinerlei Einfluss mehr auf das Geschehene.

Vielleicht wollte er gerade deswegen um jeden Preis zu Alia? Aber wir durften nun nicht mehr hinein, wir mussten warten. Sekunde um Sekunde und Minute um Minute, waren abhängig von den Infos, die wir mehr oder weniger von allen Beteiligten erhielten.

In den Minuten des Bangens, Wartens und Nichtstuns hatte ich plötzlich wieder das Bild der düsteren Gestalt vor mir, die mich während der Reanimation von Alia anstachelte, weiterzumachen. Ich dachte zunächst, ich konnte nur dank des Zählens des Mannes am anderen Ende der Notrufnummer meine Nerven bewahren und mit der Beatmung und Herzdruckmassage weitermachen. Aber dabei war da noch eine Kraft, ein vielleicht viel stärker treibender Motor als der Mann am Telefon. Ich hatte einen Kampf ausgefochten mit mir selbst und der dunklen Gestalt, die ich immer wieder vor Augen hatte. «Nein, du nimmst sie mir nicht weg!», ging es mir durch den Kopf. «Das schaffst du nicht!», schrie ich sie immer wieder an. Ich hatte den personifizierten Tod vor meinen Augen, mit dem ich ein Duell des Lebens austrug. Ein Kampf um Leben und Tod, der sich zwischen mir und der Geistergestalt austrug. Ich wollte nicht als Verliererin hervorgehen, das stand für mich fest. Ich durfte einfach nicht als Verliererin aus diesem härtesten Kampf meines Lebens gehen. Dennoch aber sah ich mich zu keiner Zeit als Gewinnerin. Mir war klar, dass ich die Schwächere von uns beiden bin, dass ich hier den Kürzeren ziehen würde. Ich konnte mir meinen Gegner nicht vorstellen, ich konnte ihn weder sehen noch hören. Aber ich konnte ihn fühlen. Er war omnipräsent in jeder Sekunde, in der ich reanimierte. Aber genau das war es, was ihn auch so brandgefährlich machte. Seine Unsichtbarkeit machte mir zu schaffen. Ich wusste nicht, gegen wen ich kämpfe, welche Kräfte mein Gegner hatte oder zu was er fähig war. Aber ich spürte seine Gegenwart, seine bedrohliche Aura. Ein Gefühl, dass man nicht beschreiben kann, schwer mit Worten zu fassen ist, aber sofort durch Mark und Knochen geht, wenn es einen einnimmt.

Ich konnte daher mit den Sanitätern mitfühlen, als ich sie bei der Reanimation beobachtete. Mir war klar, nun würden sie dagegen ankämpfen und sich mit dem unsichtbaren Feind duellieren. Ich hatte bisweilen noch keine Erfahrungen mit dem Tod gehabt, aber wenn man ihm einmal so nahe ist, wörtlich neben ihm kniet und ihn im Nacken hat, so braucht es keine weiteren Erklärungen oder Beweise. Es ist das schaudernde Gefühl, das einen von seiner Existenz und Anwesenheit überzeugt. Meine Gedanken wurden jäh unterbrochen von einem Ersthelfer, der zu mir kam und mir immer wieder dieselben Fragen stellte: «Ist Alia gesund? Nimmt sie irgendwelche Medikamente?» Ich wusste, warum sie mir diese Fragen stellten, sie hatten die Situation nicht unter Kontrolle, konnten sich selbst nicht erklären, warum die Beatmung nicht nützte, ihr kleines Herzchen auf die Druckmassage nicht anschlug. Hatten auch die Sanitäter ihren Gegner unterschätzt?

Sie konnten die Ursache nicht feststellen, es war nicht zu erkennen, warum Alia in Atemnot gekommen war. Auch die Larynxmaske, die die Ersthelfer sofort in den engen Rachen meines Mädchens einführten, lieferte keinen Hinweis auf die Ursache. Es war kein Gegenstand in der Kehle ersichtlich, nichts, was den Weg der Luft zu versperren vermag. Wir standen weiterhin vor einem ungelösten Rätsel, was mit dem Mädchen passiert oder was ihm widerfahren war. Ich hatte lediglich die Vermutung, dass sie etwas verschluckt haben könnte, einen Beweis dafür lieferte aber nichts und niemand. Es war nun knapp vor 19 Uhr abends und noch immer standen wir ganz am Anfang der Vermutungen.

Schliesslich kamen erneut Personen hinzu, die ich zunächst nicht zuordnen konnte. Schnell aber wurde mir klar, dass es sich um das Care-Team handelte, eine Organisation, die immer dann gerufen wird, wenn besonders tragische Schicksalsschläge passierten oder tiefe seelische Wunden entstanden. Ich dachte zunächst, sie müssten sich in der Tür geirrt haben, sie waren bestimmt nicht wegen uns hier. Sie konnten sich einfach nur geirrt haben! In meiner Verzweiflung wusste ich mir keinen anderen Rat, als mir einzureden, dass das Care-Team hier fehl am Platz sei, es sich lediglich um eine Verwechslung handle. Es ist eine Art Seelsorgeteam in der Schweiz, das von einem der anwesenden Polizisten geordert wurde, nur wenige Minuten nach Eintreffen meines Mannes.

Es wurden immer mehr und mehr Menschen, die ich gar nicht mehr alle wahrnehmen oder zuordnen konnte. Wildfremde Leute, die sich in unserer Wohnung und vor dem Haus tummelten, bemüht um das Leben meiner Tochter. Dazwischen mischten sich auch immer mehr bekannte Gesichter von Freunden und Familie. Es fiel mir schwer, sie im Getümmel auseinanderzuhalten. Polizei, Rega, First Responder, Notärzte, Sanitäter und Care-Team – die ganze «Heeresschar», die das Schweizer Sozialgefüge anzubieten hatte. Um zwanzig nach sieben kam ein Notarzt zu mir und meinem Mann, da wir immer noch nicht zu Alia durften. Wir erkannten schon an seinem Blick, dass es nichts Gutes zu bedeuten hat, wenn er – anstelle, dass er bei Alia blieb – zu uns raus kommt. Wir hatten Angst, was uns jetzt mitgeteilt werden konnte und wollten dieses Gespräch eigentlich gar nicht führen. Andererseits brauchten wir auch dringend Klarheit, was gerade passiert und sehnten uns nach jemandem, der uns weitere Informationen gibt, Informationen, auf die wir schon lange warteten. Dennoch aber ahnten wir bereits, was auf uns zukommen würde, wollten es aber aus dem Munde einer Fachperson hören.

«Herr und Frau Stadelmann, wir reanimieren nun bereits seit einer Stunde, ohne sichtlichen Erfolg. Was dies für Ihre Tochter bedeutet, brauche ich nicht auszuführen. Wir müssen langsam eine Entscheidung treffen!» – Eine Entscheidung? Was meinte der Notarzt damit, eine Entscheidung treffen? Wir sollen über Leben und Tod unserer Tochter bestimmen? Mit diesem kurzen, prägnanten Satz löste er eine Vielzahl an Emotionen und Ängsten in uns aus. Kann man tatsächlich von jemandem erwarten, eine solch drastische Entscheidung für ein anderes Leben zu treffen, geschweige denn von Eltern verlangen, über das Leben der eigenen Tochter zu urteilen?

Diese Frage hing wie ein Damoklesschwert über uns, am seidenen Faden, der jederzeit zu reissen drohte, um uns damit zu erschlagen. Am gleichen dünnen Faden wie das Leben unserer Tochter. Die Verantwortung lag nun ganz alleine bei uns, wir mussten uns nun klar werden, ob sie weitermachen sollen mit der Reanimation, oder ob wir zustimmen, dass sie die lebenserhaltenden Massnahmen einstellen dürfen. Was diese Entscheidung für eine Mutter bedeutet, ist unvorstellbar. Nicht zumutbar. In einer Situation, in der die Nerven zum Zerreissen gespannt sind, unzählige Leute zugegen sind, die nur darauf warten, dass man ihnen eine Anweisung gibt. Eigentlich konnte man in so einem Moment überhaupt gar keine Entscheidungen treffen und eine solch prekäre schon gar nicht. Wir durften zu ihr. Wir mussten zu ihr! Wir mussten ihr doch sagen, dass sie kämpfen muss. Sie dürfte nicht aufgeben, noch nicht. Wir waren noch nicht bereit, unser kleines Mädchen gehen zu lassen. Wenn wir ihr das nur sagen würden – bestimmt kann sie uns hören – dann würde sie kämpfen. Für uns. Für sich. Ganz bestimmt sogar!

Wir kamen rein zu ihr, bahnten uns den Weg durch die vielen anwesenden Personen hindurch, geradewegs zu Alia. Es war ein herzzerreissender Anblick, der sich uns bot. Alia lag am Boden, mit der Larynxmaske im Mund und nur in ihren Windeln. Ihr kleiner, nackter Körper war über und über mit Schläuchen und Kabeln verdeckt, die mit viel zu grossen Klebern für ihre zarte Brust an ihrem Leib befestigt waren. Es war eine seltsame Stille in dem Raum, man hätte eine Nadel zu Boden fallen hören, wie eine gerade einschlagende Atombombe. Als wir näher zu ihr kamen, wurde sie weiter reanimiert. All diese Massnahmen müssen doch Wirkung zeigen? Warum atmet sie nicht?

Wie in einem Film schrien mein Mann Urs und ich flehend in ihre Richtung: «Du schaffst das, Alia. Wir sind hier. Mami und Papi sind bei dir!» Wir waren uns sicher, ohne jeden Zweifel, dass, wenn sie nur unsere Stimme hören würde, sie wieder zurück zu uns käme. Sie könnte unsere Anwesenheit spüren, wüsste, wir sind für sie da. Alles wird wieder gut. Wir beobachteten ihren kleinen Körper, aus dem bereits jegliche Lebenszeichen entwichen waren.

Plötzlich stand meine Mutter hinter mir. Sie musste bemerkt haben, welche dramatischen Laute wir von uns gaben und ist zu uns geeilt. Vielleicht stand sie auch vorher schon neben uns, genau konnte ich es nicht mehr wahrnehmen, zu sehr lag der Fokus auf unserer kleinen Alia.

Meine Mutter sah mich mit gläsernen Augen an und sagte mit zittriger Stimme zu mir: «Steffi, du musst sie gehen lassen. Sag ihr, dass sie gehen darf!»

Ich wusste, ich hatte keine andere Möglichkeit mehr, auch wenn ich es nicht wahrhaben konnte und wollte. Aber ich war es meinem kleinen Mädchen schuldig, dass ich sie gehen lies. Ich musste ihr sagen, dass es für Mami und Papi in Ordnung ist, wenn sie geht.

Obwohl mein Mann und ich vorher nie über eine solche Entscheidung im Falle des Falles gesprochen hatten – damit rechnen Eltern auch am wenigsten und wollen sich dieser Frage auch gar nicht stellen –, so kamen wir in dieser Sekunde zu dem stillen Konsens, dass es das Beste für sie wäre. Es bedurfte keiner grossen Erklärungen oder Worte zwischen mir und meinem Mann. Wir sahen uns an und wussten, was wir zu tun hatten.

«Du darfst gehen, Alia. Mami lässt dich gehen», habe ich ihr unter Tränen zugeflüstert. Auch mein Mann teilte diese Worte und gab Alia unsere Erlaubnis mit auf ihre letzte Reise. Die Reanimation wurde daraufhin eingestellt…

Sie liessen von ihr ab und wir durften unser kleines Mädchen zum letzten Mal auf den Arm nehmen. Ich hielt sie fest gegen meine Brust gedrückt, spürte wie ihr Körper kalt war. «Sie braucht eine Decke, sie hat kalt», schoss es aus mir hervor.

Ich bemerkte, wie mich viele ungläubige Augenpaare anstarrten. Jeder wusste, dass das Mädchen nun keine Decke mehr benötigen würde, aber niemand traute es sich, dies auszusprechen. Sie standen alle um uns herum und beobachteten die tragische Szene, wie eine Mutter ihr Kind zum letzten Mal auf dem Arm hielt. Meine Mutter eilte dann zu mir, mit einer Decke in der Hand und meinte, wenn ich glauben würde, Alia bräuchte eine Decke, dann soll sie diese auch bekommen. So wickelte ich unseren kleinen Engel in eine Decke ein und schaute ihr beim Schlafen zu. Sie sah friedlich aus und glücklich. Sie hatte keinerlei Anzeichen von ihrem schwersten Kampf des Lebens davongetragen, keinerlei Spuren davon in ihrem Gesichtsausdruck.

Es war, als würde sie friedlich schlafen. Keine blutunterlaufenen Augen oder blauen Lippen deuteten auf die Qualen der letzten Stunde hin.

Die Sanitäter, für die es nun keine Arbeit mehr gab, verabschiedete sich von uns. Auch die Besatzung des Rettungshubschrauberteams Rega verabschiedete sich. Dabei trat der Mann an mich heran und bestärkte mich mit einem klaren und deutlichen Satz, der mir im Nachhinein so unendlich guttat. Ich bin mir gar nicht sicher, ob er weiss, wie sehr mir seine Worte Mut gemacht hatten, mir zumindest ein kleines Stückchen meines tiefen Schmerzes genommen hatten. «Frau Stadelmann, ich war die ganze Zeit über bei ihnen am Telefon und habe das Geschehene mitverfolgt. Wenn es auch nur die geringste Chance gegeben hätte, das Leben ihrer Tochter zu retten, dann hätten Sie es geschafft!»

Eigentlich hatte er keine Zeit mehr, wurde er bereits zum nächsten Einsatz gerufen, aber für diesen einen Satz hat er sich noch die paar Sekunden genommen, die für mich so wertvoll waren. Es war wie ein Balsam für meine sich selbst mit Vorwürfen geisselnde Seele. Ob er wusste, welche Wirkung diese Worte auf mich hatten? Welche Bedeutung ich ihnen beigemessen hatte und dass es in diesem Moment keine wichtigeren und treffenderen Worte für mich gegeben hätte? Ich bin diesem Menschen so unendlich dankbar dafür! Ich hoffe, er weiss, wie sehr ich dafür in seiner Schuld stehe und ihm danken möchte. Fühlen Sie sich umarmt von mir!

Es war kein totaler Befreiungsschlag und natürlich konnte er mir diese unendliche Trauer und den tiefen Schmerz aber auch die Wut, die ich in mir trug, den Kampf verloren zu haben, nicht nehmen. Ich machte mir schreckliche Vorwürfe. Hatte ich etwas falsch gemacht? Oder wenn ich etwas anders gemacht hätte, vielleicht wäre Alia nun noch am Leben?

Die Selbstvorwürfe, die ich mir machte, nahmen meine Gedanken zur Gänze ein. Ich bin mir sicher, dass es der Mann bemerkt haben musste und daraufhin reagiert hatte. Seine Worte waren wohltuend und erlösend zugleich für meinen innerlichen Kampf gegen mich selbst. Es nahm mir die Last, dass ich es nicht geschafft hatte, sie zurückzuholen. Es lag nicht an mir, dass Alia nicht mehr zu uns kam.

Ich hatte alles nur irgendwie Mögliche getan, sodass – wenn nur ein kleiner Funken an Möglichkeit vorhanden gewesen wäre, dass Alia wieder zu atmen begonnen hätte, so hätte ich es mit meiner Beatmung und meiner Herzdruckmassage geschafft. Aber es war nicht möglich. Ich war chancenlos, Alia hatte von Anfang an keinerlei Perspektive dafür. Mir kann man keinen Vorwurf machen, vor allem aber darf ich mir selber keinen Vorwurf machen, ich habe alles richtig gemacht in dieser Situation und mit meiner Reanimation. Wenn es nur möglich gewesen wäre, so würde sie nun leben!

Alia, Papi ist auf dem Weg zu dir...

Am 11. Oktober fuhr ich wie gewöhnlich zur Arbeit, nur dass ich danach noch mit meinem Vater vereinbart hatte, dass wir auf die nationale Messe fahren, um ein bisschen zu netzwerken. Wir hatten dieses Vorhaben nicht von langer Hand geplant, aber ich sah es als gute Chance, ein paar geschäftliche Dinge vor Ort zu besprechen. Normalerweise spreche ich das auch immer mit meiner Frau ab, musste es dieses Mal aber irgendwie vergessen haben. Ich erinnere mich auch noch gut, dass mich Steffi anrief. Sie bat mich nach Hause zu kommen, sie schien irgendwie nicht ganz zufrieden zu sein an diesem Tag. Irgendwie hatte sich ihre Laune in Grenzen gehalten, was aber auch völlig in Ordnung war. Das kam bei meiner Frau sehr selten vor, dass sie sich einmal über die Situation beklagte. Das kann man als Mann dann durchaus auch einmal hinnehmen. Sie bat mich, noch bevor die Kinder ins Bett gehen, zuhause zu sein. Immerhin hatte ich die Kinder seit fast zwei Tagen nicht mehr gesehen. Wenn ich von der Arbeit direkt noch zum Haus fahre, um am Bau zu helfen, dann komme ich meist heim, wenn die Mädchen schon schlafen. Steffi weiss, dass ich das für uns und unsere kleine Familie mache, daher ist das selten ein Problem, und ich versuche aber auch, noch genügend Zeit für meine Frau und meine Kinder zu haben. Das ist mir eigentlich immer wichtig.

Meine Frau bat mich sehr eindringlich, dass ich die Kinder heute noch sehen sollte. Das letzte Mal als ich sie gesehen hatte, brachten sie mir eine Brotzeit auf die Baustelle. Steffi beharrte irgendwie darauf, sodass wir uns ehrlicherweise auch etwas gestritten haben am Telefon. Und ehrlich, eigentlich wollte ich auch lieber nach Hause. Mein Vater aber konnte sich nicht so einfach losreissen von der Messe. Ich wurde dann auch noch in ein ziemlich belangloses Gespräch verwickelt. Worum es ging, weiss ich gar nicht mehr so genau. Es scheint wirklich sehr unwichtig gewesen zu sein. Und schliesslich trafen wir dann noch auf meine Schwester, die auch vor Ort war. Wir tauschten uns noch miteinander aus, da wir uns eh schon an der Messe getroffen hatten.

Schliesslich machten mein Vater und ich uns dann endlich auf den Nachhauseweg. Etwas später, als ich eigentlich loswollte, aber ich konnte die Situation nun nicht mehr ändern. Wir gingen zu unseren Autos, wir waren getrennt unterwegs. Es war noch so einiges los auf den Strassen, aber ich war mir sicher, in einer knappen halben Stunde konnte ich in etwa zuhause eintreffen.

Ich fuhr auf der Autobahn entlang, liess den Tag nochmals Revue passieren, hatte auch von der Messe noch die vielen Eindrücke im Kopf. Gerne wollte ich dann auch meiner Frau von den Ereignissen auf dieser Veranstaltung berichten, weswegen ich und mein Vater überhaupt dort waren und was wir alles an geschäftlichen Dingen klären konnten.

Ich war bereits gute 15 Minuten im Auto, die Fahrt ging zügig voran, als mich ein Anruf aus meinen Gedanken der vergangenen Stunden riss. Mein Telefon war mit der Gegensprechanlage gekoppelt, und so erschien am Display eine mir unbekannte Nummer. Ich konnte noch die Endziffer erkennen, ich glaube sie endete auf 49. Diese Nummer war mir gänzlich unbekannt, ich konnte mir auch keinen Reim darauf machen, wer mich nun anrufen würde.

Während ich mir den Kopf zerbrach, wer denn hinter der Nummer stecken könnte, hatte ich doch den Entschluss gefasst, abzuheben. Vielleicht war es irgendeine Bekanntschaft, die ich gerade auf der Messe gemacht hatte, und die Person wollte noch in ein näheres Gespräch mit mir kommen? Vielleicht waren es aber auch die Handwerker vom Bau, die am Abend noch dringend eine Information benötigten? Ich nahm also den Anruf mit fragender, aber doch förmlicher Stimme entgegen.

«Wo sind Sie?», tönte eine männliche Stimme am anderen Ende aus meiner Freisprecheinrichtung. Ich war total überrumpelt. Mir war die Stimme dieses Mannes überhaupt nicht bekannt. Umso seltsamer war es dann aber auch, dass er sich nicht einmal mit Namen genannt oder sich vorgestellt hatte, sondern gleich mit solch einer Frage hervorschoss. Er musste irgendwie also wissen, dass ich nicht zuhause bei meiner Familie bin? Aber wie kommt ein Fremder darauf und warum interessiert ihn das? Hatte er sich vielleicht in der Nummer geirrt? Oder sich in der Hektik vertippt? Das kann durchaus schon einmal vorkommen und würde das seltsame Verhalten des Mannes sowie sein vorwurfsvolles Fragen erklären. Aber irgendwas schien mich in seinem Unterton dann doch seine Frage zu beantworten, anstelle mit einer Gegenfrage nach seinem Namen zu kontern. Was es war, kann ich nicht erklären. So erwiderte ich kurz und knapp: «Ich bin unterwegs, wieso?» Ob ich nun tatsächlich einen Grund für seinen Anruf erwartet hatte? Aber ich überliess dem Mann die Gesprächsführung und erwartete weitere Fragen oder Anweisungen, die auch nicht lange auf sich warten liessen. Wie aus der Pistole geschossen konterte er: «Kommen Sie sofort nach Hause, bei Ihnen zuhause ist etwas sehr Schlimmes passiert!»

Ich war mir nicht ganz sicher, ob ich ihn denn auch richtig verstanden hatte. Irgendetwas ist nicht gut? Oder irgendwer? Ich wollte unbedingt mehr Informationen aus der mir unbekannten Person herausbekommen und fing an, diese mit meinen Fragen zu löchern: «Um was geht es denn bitte? Was ist denn nicht gut?»

Aber der Mann in der anderen Leitung hielt sich am Telefon sehr bedeckt und wollte nicht auf meine Fragen eingehen. Auch das war mehr als seltsam. Er merkte lediglich noch an, ich solle vorsichtig fahren, ehe er das Gespräch beendete.

Nun war ich nicht nur verunsichert, wer dieser Mann gewesen sei, woher er meine Nummer hatte und warum er wusste, dass ich nicht zuhause war, sondern auch was der Anruf zu bedeuten hatte? Was soll denn nicht gut sein? Ist irgendetwas mit meiner Familie? Geht es meiner Frau gut, sind die Kinder wohlauf? Ich hatte ja vor noch nicht einmal einer Stunde mit Steffi telefoniert. Sie war zwar nicht voll guter Laune, aber es klang jetzt gar nicht danach, als ob irgendetwas Schlimmeres vorgefallen wäre?

Was ist da bloss los? Hätte ich dem Mann mehr Informationen entlocken sollen? Dann müsste ich mir nun nicht so den Kopf zerbrechen, weswegen er so verpicht darauf war, mich nach Hause zu holen. Hat sich vielleicht jemand verletzt? Oder haben wir einen banalen Wasserschaden?

Wieder aber verspürte ich diese seltsame, mir nicht erklärbare Vorahnung, dass ich es hier nicht mit so etwas Banalem, wie einem einfachen Rohrbruch zu tun hatte. Auch wenn der Anrufer mit Informationen geizte, so malte ich mir doch weitaus Schlimmeres aus. Vielleicht waren es aber gerade seine kargen Schilderungen, die mich aufhorchen liessen?

Mir war klar, ich musste so schnell wie möglich nach Hause fahren und dürfte keine Zeit verlieren. Ich wollte noch meinen Vater in Kenntnis davon setzen, der direkt hinter mir fuhr. Also rief ich ihn an und teilte ihm meinen seltsamen Anruf mit, konnte ihm aber auch nicht mehr sagen.

Mein Papa war sofort der Ansicht, ich sollte zusehen, dass ich so schnell wie möglich nach Hause kommen würde. Daraufhin versuchte ich, jegliche Überholmöglichkeiten wahrzunehmen, war bereits am Geschwindigkeitslimit angelangt und durchaus kein gemütlicher und ruhiger Autofahrer mehr. Ich hatte einen absoluten Tunnelblick und wollte nur mehr nach Hause zu meiner Familie, um nach dem Rechten zu sehen. Ich überholte einen Postbus, fuhr an der Ampel mit quietschenden Reifen los und nahm die schnellste Route. Normalerweise und bei gemütlicher Fahrt war der Weg in 20 Minuten zu schaffen. Vielleicht konnte ich somit einige Minuten aufholen. Ich war der festen Überzeugung, hier spielt die Zeit gegen mich, und jede Sekunde, die ich früher ankommen würde, wäre nun Gold wert.

Schliesslich erhielt ich einen weiteren Anruf. Wieder kam dieser auf meine Gegensprechanlage. War es wieder der unbekannte Mann? Hatte er nun vielleicht weitere Infos für mich? Dieses Mal aber erkannte ich die Nummer auf meinem Autodisplay. Es war unsere Nachbarin. Seltsam, dachte ich. Was würde sie um diese Uhrzeit denn benötigen? Sie weiss doch, dass dies normalerweise Familienzeit wäre. Ich war mir sicher, der fremde Mann hatte auch sie eingeweiht und nahm den Anruf entgegen. Völlig aufgelöst und mit wilden Buchstaben um sich schmeissend, konnte sie mir nur entgegenbringen, dass ich auf dem schnellsten Wege nach Hause kommen sollte. «Es ist was mit Alia», fügte sie noch mit aufgeregter Stimme hinzu.

Also ging es um meine Jüngste! Was ist mit Alia? Was war bloss geschehen? Hatte sie einen Unfall? Ist sie verletzt? Oder vielleicht im Krankenhaus? Und wo sind Steffi und Malea? Sind sie bei ihr? Hunderte Fragen schossen mir auf einmal durch den Kopf. Ich wusste aber, dass ich aus der aufgelösten Nachbarin auch keine weiteren Details herausbekommen konnte und erwiderte nur: «Ich weiss, ich bin auf dem Weg!» Dann legte ich auf und flog förmlich über den Asphalt. Endlich. Unser Dorf ist bereits in Sichtweite, gleich würde ich hoffentlich Antworten auf meine Fragen bekommen.

Ich fuhr in die Ortseinfahrt ein, Richtung unseres Hauses. Von Weitem konnte ich schon das Rettungsauto sehen. Nein, es waren gleich mehrere. Eine ganze Rochade an Blaulichtern bot sich mir vor meinem Haus. Was konnte hier nur passiert sein? Sind sie alle wegen uns hier? Wegen unserer Familie? Wegen Alia?

Plötzlich sah ich hinter den vielen Rettungswagen auch einen Helikopter stehen. Die Rega war hier. Ich dachte, warum um alles in der Welt ist der Rettungshubschrauber noch da? Wenn es wirklich so eilen würde, dass ein Helikopter geordert wurde, dann müsste der doch längst schon weg sein? Ich sah nervös und verständnislos auf die Uhr. Ich war vor gut 20 Minuten informiert worden. Was dauerte hier so lange? Ich war fest davon überzeugt, dass, wenn ich eintreffen würde, mir meine Frau lediglich mitteilen würde, dass Alia bereits im Krankenhaus sei. Oder ich würde niemanden antreffen, da auch Steffi und Malea bei Alia im Krankenhaus sein würden. Ich versuchte mir meinen Weg durch die vielen First-Responder-Fahrzeuge und Notarztautos zu bahnen und mein Auto vor der Einfahrt abzustellen. Ich konnte aber keine freie Lücke vor unserem Haus ausfindig machen, und so beschloss ich, den Wagen kurzerhand am Strassenrand abzustellen. Ich hatte auch kein sonderlich grosses Interesse daran, erst nach einem geeigneten Parkplatz suchen zu müssen.

Ich glaube, jeder, der so ein Aufgebot an Rettungskräften und Einsatzfahrzeugen vor seiner Haustür vorfindet, nimmt auch einen Strafzettel wegen Falschparkens in Kauf, sollte es denn so sein. Ich riss die Autotür auf, eilte aus dem Wagen und lief zum Haus. Just in diesem Moment kam mir auch schon meine Frau entgegen. Völlig aufgelöst und unter Tränen stammelte sie immer wieder und wieder: «Schatz, Alia stirbt. Sie stirbt!» Sie wiederholte diese Sätze in einer Art Dauerschleife, sodass ich mir nicht sicher war, ob sie es mir erzählen wollte oder sich selbst immer wieder die Situation vor Augen halten wollte, da sie selbst nicht glauben konnte, welche Szenen sich soeben abgespielt hatten. Es war ein Mantra des Grauens, was Steffi ständig wiederholte. Ein Kanon aus den schlimmsten Tönen, die man als Familienvater nur hören kann.

Ich beschloss, sie erst einmal in den Arm zu nehmen. Ich erkannte, dass sie nun Unterstützung benötigen würde und Halt von jemanden aus der Familie, von einem engen Vertrauten. Ich wollte ihr Bedürfnis nach Trost und Zuflucht stillen. Steffi stammelte noch, dass die Rettungskräfte gerade dabei wären, Alia zu reanimieren. Wir näherten uns der Eingangstür und eine Polizistin versperrte mir zunächst ungewollt den Weg. Als sie mich sah, fiel es ihr wie Schuppen von den Augen. Es war ein mir bekanntes Gesicht, das in Uniform nun vor meiner Haustür stand. Ich kannte die Dame von gemeinsamen Freunden aus früheren Zeiten, aber wir hatten uns ewig schon nicht mehr gesehen. Umso grösser war ihr Entsetzen, als sie plötzlich bemerkte, wer vor ihr stand. Sie blickte mich mit einem Entsetzen in den Augen an, das ich nicht mehr so schnell vergessen werde. Ich konnte ihr Mitgefühl bereits von Weitem spüren, ohne dass sie ein Wort verloren hatte. Ich wollte mir meinen Weg in die Wohnung bahnen, als sie mich zurückhielt: «Urs, geh da jetzt lieber nicht rein!» Aber warum nicht? Ich möchte zu meiner Tochter. Sie braucht mich jetzt.

Ich verfolgte dieses Gespräch zwischen mir und der Polizistin irgendwie von einer anderen Perspektive aus, als ob ich mir selbst von weit weg zusehen würde und das Geschehene nur beobachten und kommentieren würde, wie in einem schlechten Kriminalfilm. Ich konnte nicht mehr klar denken und war nicht mehr Herr meiner Sinne. Ich sah die vielen Blaulichter, die sich zu einem einzigen Lichtklumpen zusammentaten und sich beissend in meinen Augen spiegelten. «Du darfst da nicht rein, Urs!», fügte die Polizistin noch hinzu. Sie erkannte offensichtlich meinen unbändigen Willen durch den Hausflur direkt in meine Wohnung laufen zu wollen. Ich wollte zu Alia. Nein, ich musste zu Alia! Ich musste wissen, wie es ihr geht, musste mit eigenen Augen sehen, was sich zugetragen hatte. Ich konnte doch nicht tatenlos zusehen? Sie braucht mich jetzt doch. Meine kleine Alia braucht mich nun. Ich muss zu ihr.

Schliesslich kam von irgendwoher mein Vater. War er denn auch schon angekommen? Stand er schon länger hinter mir? Ich hatte sein Eintreffen nicht bemerkt. Jedenfalls musste er das Gespräch zwischen mir und der Polizistin mitverfolgt haben und bekräftigte die Worte dieser: «Alia ist in guten Händen. Es wird schon alles gut!» Ich durfte zu diesem Zeitpunkt nicht zu meinem Mädchen. Man liess mich nicht durch zu ihr …

Ich lief planlos auf und ab, hin und her. Wirre Gedanken machten sich in meinem Kopf breit, während ich schon beinahe Spuren auf unserem Vorplatz hinterliess, vom vielen Auf und Ab. Ich hatte auch meine Frau kurzfristig aus den Augen verloren, wartete angespannt auf jemanden, der mir endlich mehr Infos zutragen würde.

Es kamen immer mehr und mehr Leute hinzu. Der Vorplatz füllte sich auf eine erschreckende Art und Weise. Polizisten tummelten sich vor unserm Haus, meine Eltern waren da, die Nachbarn gesellten sich unter die entsetzte Runde. Es war unglaublich viel los, Hektik lag in der Luft, und dennoch konnte man eine beissende Stille wahrnehmen. Ich hatte komplett das Zeitgefühl verloren. Das Einzige, was ich aus meiner Frau herausbekam, war, dass Alia wohl irgendetwas verschluckt haben musste. Aber nachdem auch sie nur Mutmassungen anstellen konnte, wusste ich immer noch nicht genau, was mit meinem kleinen Mädchen geschehen war. Kann mir jemand um Himmelswillen einmal sagen, was da drinnen gerade vor sich geht? Wenn ich nicht bald weitere Infos hätte, würde ich da nun reinplatzen, ungeachtet aller Empfehlungen oder Ratschläge. Ich wollte Gewissheit!

Plötzlich hat mich meine Frau zu sich gerufen, sie hatte bemerkt, dass der Arzt gerade nach draussen ging, Wir eilten ihm entgegen. Er trat langsam vor die Haupteingangstüre und begann mit grotesk ruhiger und klarer Stimme mit uns zu sprechen. Dabei reihte er die Wörter mit einer derart irrwitzig langsamen Geschwindigkeit aneinander, dass jeder bereits nach den ersten paar Buchstaben schon stutzig geworden wäre. Seine seltsame Art und Weise mit uns zu sprechen, fiel mir und meiner Frau sofort auf. Er wollte auch irgendwie nicht direkt auf den Punkt kommen und versuchte auszuholen und sich in irgendwelchen Umschreibungen zu verstricken: «Ja, Sie wissen, ja, wenn man so lange reanimiert ...».

Warum spricht er so langsam? Was will er damit bezwecken? Schoss es mir durch den Kopf. Er fuhr fort: «... wenn man so lange reanimiert, ist die Chance sehr klein ...» Ich kam mir vor wie in einem schlechten Hollywood- Film mit noch schlechteren Schauspielern. Gerade drehten wir offensichtlich die Szene, dass ein Arzt aus dem OP kommt und versucht, die negativen Nachrichten mit seiner schlechtesten Schauspielkunst den Angehörigen beizubringen. Das kann doch alles nicht wahr sein!

Ich bin mir sicher, der Arzt wollte uns eigentlich auffangen mit seiner ruhigen und gelassenen Stimme, aber im Endeffekt erreichte er – bei mir zumindest – genau das Gegenteil. Ich wurde nur noch nervöser und ungeduldiger. Schliesslich fügte der Arzt noch einen Satz hinzu, der Alias Schicksal endgültig besiegeln sollte. Wir müssten eine Entscheidung treffen.

Er hat es nicht direkt ausgesprochen, aber aus seiner Mimik, seiner Gestik und seinem eindringlichen Blick war klar zu erkennen, dass er uns den einzig richtigen Ratschlag gab, sie gehen zu lassen. Er wusste wohl, dass, selbst wenn Alia aufwachen würde, sie nie wieder dasselbe Mädchen sein würde, das sie einmal war. Hier sprach bestimmt seine fachlichen Kenntnisse und seine Erfahrung aus ihm, es waren nicht die Worte eines mitfühlenden Familienvaters. Und dennoch wollte er nur unser Allerbestes.

Wir durften schliesslich rein zu Alia. Steffi und ich gingen zu ihr, vorbei an den vielen Rettungskräften, gemischt mit Notärzten und Rega-Besatzungsmitgliedern. Ich sah schliesslich ihren kleinen Körper am Boden liegen, so leblos und still. Drei Menschen knieten noch über ihr und bemühten sich weiter um ihr nicht mehr vorhandenes Leben. Man musste kein Arzt sein, um dies erkennen zu können. Sie versuchten weiterhin, unsere süsse Maus, unsere kleine Bohne zu reanimieren. Ich erkannte plötzlich einen Feuerwehrmann, es war ein Bekannter aus dem Dorf. Er warf mir denselben, ungläubigen Blick zu, wie es vorhin schon die Polizistin vor der Haustür tat. Es standen so entsetzlich viele Leute um meine Tochter. Alles Fremde für sie. Bestimmt musste das befremdlich und beängstigend gewesen sein für unsere süsse Maus. Ich sah sie an, sie sah so friedlich aus, als ob sie schlafen würde. Nur die vielen Kabel an ihrem Körper erinnerten noch an den Kampf, der hier die letzte Stunde wohl stattgefunden haben musste. Ich erkannte, dass sich hier alle um das Leben meiner Tochter bemüht hatten, nun aber nur mehr wenig Hoffnung hatten, dass sie wieder zu uns zurückkommen würde. Es war aus den Augen aller Beteiligten abzulesen, wohin ich auch blickte. Die Rettungssanitäter sprachen uns auch Mut zu, sie gehen zu lassen. Es habe keinen Sinn mehr. Konnte ich sie denn einfach so gehen lassen? War der Kampf ums Überleben wirklich schon verloren oder bestünde doch noch die leiseste Hoffnung, dass Alia es schaffen könnte?

Plötzlich machte sich in mir ein Gedanke breit, der mich einnahm und mich nicht mehr rational denken liess. Ich musste es einfach versuchen, Alia zu mir zurückzuholen. Vielleicht gibt es noch Wunder? Kann es sein, dass wenn meine Tochter nur meine Anwesenheit spüren würde, dass sie noch einmal ihre letzten Kräfte mobilisieren könnte? Hatten die vielen wundersamen Szenen in Kriminalfilmen doch ein Stückchen Wahrheit in sich? Dort erfährt man dauernd von wundersamen Heilungen oder Genesungen, wenn Opfer ihre Angehörigen nur spüren würden und ihre Gegenwart mitbekämen. Vermeintlich ewig Schlafende würden so wieder die Augen öffnen. Komapatienten, die in ihrem Körper gefangen gehalten wurden von ihrem eigenen Leib, konnten plötzlich die Präsenz ihres Lebenspartners spüren und haben sich für diese wieder ins Leben zurückgekämpft. Wenn an diesen Szenen nur ein Fünkchen Wahrheit war, nur ein klein wenig Realität in diesen Filmen läge, dann müsste ich es auch bei meiner Tochter versuchen. Wenn sie mich hören könnte, dann würde sie kämpfen. Sie hat die Kraft dazu, davon war ich noch felsenfest überzeugt und wollte mir diesen Irrglauben zu diesem Zeitpunkt noch nicht ausreden lassen.

Ich habe den Entschluss gefasst, zu meiner Tochter zu sprechen: «Alia, hier ist Papi. Ich bin da, Papi ist da. Komm zurück!» Ich fasste sie an, bemerkte ihren bereits kühlen Körper und flehte weiter: «Komm jetzt, kämpf dagegen an!» So sehr ich mich aber bemühte, meine Worte schienen einfach nicht zu ihr durchzudringen. Ich schaute ihren regungslosen Körper an, wartete vergebens auf irgendein Zeichen von ihr, dass sie mich hören konnte. Irgendeine Geste und sei sie noch so winzig klein gewesen. Ich war so fest davon überzeugt, dass ich sie bekommen würde, dass Alia mich spüren konnte. Ich war fassungslos und ungläubig, dass ich nicht zu ihr durch kam. Ich konnte es nicht begreifen. Die verzweifelte Ohnmacht, nichts ausrichten zu können, nahm mich ein und versetzte meinen Körper in einen kalten Schauer, der mir über den Rücken hinunterlief, bis zu meinen Zehenspitzen. Ich hoffte immer noch auf ein Wunder, das aber leider ausblieb. Meine Anstrengungen wurden nicht belohnt, meine Bemühungen, Alia zurückzuholen, führten ins Leere. Meine Worte führten ins Leere, sie konnte mich nicht hören. Nicht mehr. Mir war rundherum plötzlich alles egal. Die vielen Leute um mich herum nahm ich auf einmal nicht mehr wahr. Wie auf einer Bühne, an der nur ein kleiner Spot hell ausgeleuchtet war, in dem ich und meine Tochter standen. Der Rest war in einem finsteren Schwarz gehüllt und nicht von seiner Umgebung zu unterscheiden. Und dennoch konnte ich die Blicke wahrnehmen, die auf mir ruhten. Es waren unzählige, rührende Blicke, die mir allesamt das eine sagen wollten, nämlich dass es keinen Sinn mehr habe. Ich nahm mir noch einen kurzen Moment heraus, in dem ich meine Tochter mit meinen Augen fixierte. Dann kam ich wieder zu mir zurück und die Umgebung wurde für mich wieder heller.

Ich sah zu meiner Frau hinüber, die direkt neben mir kniete. Wir sagten kein Wort zueinander, wussten aber insgeheim, was der andere nun denken würde. Wir kannten die Antwort. Die einzige richtige Entscheidung. Nun müsse sie nur noch ausgesprochen werden. Wir mussten eine Entscheidung treffen, das waren wir unserer Tochter schuldig. Auch wenn wir wussten, dass es die Richtige war, so fühlte es sich dennoch so falsch und unreal an.

Als wir dann auch noch von den Sanitätern darauf hingewiesen wurden, dass wir sie gehen lassen müssten, war die Entscheidung für uns gefallen. Innerlich wollten wir sie nicht gehen lassen, rational aber wussten wir, es ist das Beste auch für Alia. Durch den langen, immensen Sauerstoffmangel hätten wir nie wieder unser Mädchen zurück. Sie würde schlimme Folgen davontragen, die nicht mehr reversibel wären. Schlimmstenfalls würde sie uns nicht einmal mehr erkennen und wäre gefangen in ihrem eigenen Körper. So ein Dasein konnten wir ihr nicht zumuten! Auch das waren wir ihr schuldig, sie von dem Leid zu erlösen und ihr noch mehr davon zu ersparen. Es gab auch keinerlei Hoffnung mehr, dass Alia es auch nur irgendwie schaffen könnte. Jegliche Überlebenschance war bereits gegen Null gesunken. Aus diesem einzigen Grund nahmen wir allen Mut zusammen, schöpften die grösste Überwindung aus unseren Gliedern, die wir jemals gebraucht hatten und bestärkten Alia: «Alia, es ist Ok. Du kannst gehen.»

Als meine Frau und ich diese Worte ausgesprochen hatten, liessen die Rettungskräfte von ihr ab und stellten die Reanimationsmassnahmen ein ...Das gesamte Notarztteam inklusive Rega-Besatzung packten ihre Sachen zusammen und verabschiedeten sich allmählich von uns.

Noch mehr Polizisten betraten die Wohnung. Es dürfte wohl gerade auch einen Schichtwechsel gegeben haben, und die Polizisten vor Ort dürften die Situation an die Neuankömmlinge noch weitergegeben haben, bis sie dann unsere Wohnung verliessen, um ihren Feierabend anzutreten. Auch die Staatsanwaltschaft kam hinzu. Etwas später entdeckte ich auch den Amtsarzt in der Menge. Es waren unglaublich viele Menschen in der Wohnung und verstopften deren grosszügigen Gänge. Ich konnte die einzelnen Gesichter gar nicht mehr auseinanderhalten. Ich wusste nur, mein Bruder war nicht dabei, weil er gerade in Australien war. Sonst jedoch waren gefühlt alle Verwandten, Bekannten und Freunde sowie sämtliche Staatsorgane in unserer Wohnung versammelt.

Es fühlte sich an wie mitten in der Nacht. Die Minuten hatten sich wie Stunden für mich in die Länge gezogen, und ich konnte die Uhrzeit nicht einmal mehr schätzen. Somit waren dann meine Frau und ich noch alleine mit unserer verstorbenen Tochter. Wir wollten den Moment noch mit ihr alleine haben, um uns von ihr noch einmal zu verabschieden. Innig und nur für uns. Das war uns eine Herzensangelegenheit. Ich habe Alia dann zu mir genommen und mich mit ihr auf das Sofa gesetzt, als ob ich sie in den Schlaf wiegen würde. Ich hielt sie in meinen Armen, während ich mich unter Tränen bei ihr verabschiedete. Sie sah so unglaublich schön aus! So friedlich und geborgen. Man sah ihr nichts an von dem langen Kampf, den ihr kleiner Körper ausgestanden hatte. Sie war einfach wundervoll, als ob sie in meinen Armen friedlich schlafen würde. Beschützt. Behütet und geborgen.

Ich konzentrierte mich dann nur mehr auf mich und meine Tochter. Genoss den Moment mit ihr alleine, meine Frau war – so glaubte ich – nach draussen gegangen. Ich konnte es immer noch nicht glauben. Als ich heute morgen zur Arbeit gefahren bin, war alles noch in Ordnung, Alia war quietschvergnügt und lebendig. Und nun, wenige Stunden später, halte ich meine tote Tochter in den Armen und muss sie zu Grabe tragen. Ich glaube, niemand kann sich vorstellen, was man in diesem Moment fühlt. Selbst meine grösste Anstrengung, das Erlebte und Gefühlte wiederzugeben, könnte nicht annährend dem gerecht werden, wie es tatsächlich in mir aussah.

Ich bemerkte dann, dass meine Mutter reinkam. Auch für sie muss sich ein Bild des Grauens geboten haben. Sie sah ihren Sohn mit der leblosen Enkelin auf dem Arm. Ich konnte auch ihre Verzweiflung und tiefste Trauer spüren. Sie trat näher an uns heran. Aus ihr kam ein kurzes Schluchzen: «Oh nein!» Dann fing sie fürchterlich an zu weinen. Mehr brachte sie in diesem Moment auch nicht über die Lippen. Sie hat ihr noch zärtlich über ihre süssen Wangen gestreichelt.

Auch Malea kam mit meiner Frau dann noch herein und wollte sich von ihrer Schwester verabschieden. Alia lag in meinen Armen, als Malea ihr «tschüss» sagen wollte. Ich habe Malea zugeflüstert, sie sollte ihrer Schwester noch einen innigen Kuss auf die Wange geben. Malea hat sich auf berührende Art und Weise von ihrer Spielgefährtin für immer verabschiedet.

Ich bin mir sicher, sie hat zu diesem Zeitpunkt nicht wirklich verstanden, was dies wirklich bedeuten würde. Das kann man von einem kleinen Mädchen auch gar nicht verlangen. Sie hat die Szenen, die sich abgespielt hatten, auch noch nicht realisiert, konnte ihnen keine Bedeutung zumessen. Das müsste sie aber auch noch nicht …

Kurz darauf nahm dann auch noch meine Frau Alia zu sich. Was sich dann abspielte, weiss ich nicht mehr genau.

Eigentlich sollte der Trubel nun abnehmen, die Leute weniger werden, aber dies war nicht der Fall. Es tummelten sich Freunde unter die Trauergemeinschaft, mein Vater war auch in der Wohnung. Vielleicht war er die ganze Zeit dort und ich hatte ihn nur nicht wahrgenommen.

Schliesslich kehrte Stille ein, die Menschenmasse löste sich auf und wir waren dann endlich zu dritt. Wir konnten im intimsten Trauerkreis unserer Familie uns gegenseitig Kraft geben, soweit dies nun eben möglich war und uns gegenseitig stützen. Es war eine komische Stille, die man auch nicht beschreiben oder in Worte fassen kann. Immer noch eine Art Ungläubigkeit, gepaart mit tiefster Trauer und Selbstvorwürfen.

Wir waren allesamt erschöpft. Ausgelaugt von den vielen Emotionen, die in den letzten Stunden auf uns einprasselten. Fühlten uns von den vielen Gefühlen überrannt, und gleichzeitig verspürten wir auch eine tiefe Leere in uns. Dieser innere Zwiespalt ist kaum mit sich selbst vereinbar. Dementsprechend war auch die Nacht sehr speziell und in einen unheimlichen Schleier aus Tränen, Wut und Selbstkritik gehüllt. Meine Frau machte sich die meisten Vorwürfe. Sie kämpfte sehr damit. Man konnte nicht feststellen, woran sie mehr gelitten hatte. An dem Schmerz, ihre Tochter verloren zu haben oder daran, nichts dagegen ausrichten zu können. Es muss ein furchtbares Gefühl gewesen sein, das sich niemand vorstellen kann. Sie wiederholte immer wieder die Szene, tauschte jedes Mal ihre Reaktion aus und malte sich einen anderen Ausgang der Situation aus. Wenn sie nur dies und jenes getan hätte oder anders reagiert hätte, dann wäre …

Ich machte ihr aber zu keiner Zeit einen Vorwurf. Ich wusste, sie war nicht schuld daran. Es war ein Unfall. Ein entsetzlich tragischer Unfall, der schwer begreifbar war, aber sich dennoch bei uns zuhause zugetragen hatte. Ich weiss gar nicht, ob man es mit den Worten «c'est la vie» ausdrücken kann, oder ob sie vielleicht etwas zu vulgär und unpassend an dieser Stelle und für diese Situation wären, aber sie sind dennoch treffend. Sie hätte es nicht ändern können. Die vielen Selbstvorwürfe und der tiefe Groll, den meine Frau gegen sich hegte, konnten hier auch nichts mehr ausrichten. Ich versuchte es ihr auch klarzumachen, dass sie sich nicht verantwortlich dafür machen dürfe. Ich wollte ihr diese unglaubliche Last von den Schultern nehmen. Ich konnte die Nacht nicht schlafen, fühlte mich wie erschlagen von den Ereignissen, aber gleichzeitig auch zu aufgewühlt, um nur ein Auge zuzumachen. Als ich mich unzählige Male im Bett hin und her wälzte, beschloss ich – es war so gegen zwei Uhr nachts – raus an die frische Luft zu gehen. Ich glaubte, ein kleiner Spaziergang würde mir nun guttun, mich ablenken und frische Luft könnte nicht schaden. Ich zog mich an und ging vor die Tür. Mein Blick richtete sich als Erstes gegen den Himmel. Es war eine klare Nacht, die Luft war rein und von besonderem Duft. Der Himmel sternenklar, man konnte bis in andere Galaxien sehen. Die unglaubliche Weite des Universums, die sich mir in dieser Nacht bot, hatte eine ganz besondere Wirkung auf mich. Es beeindruckte mich auf surreale Art und Weise und zeigte mir dennoch keine Grenzen auf. Gerade als mein Blick in den vielen Sternen verhangen war, sah ich, dass ich offensichtlich nicht der Einzige in dieser Nacht war, der nicht schlafen konnte. Ich bemerkte plötzlich, dass meine Eltern und meine Schwester hinter mir standen. Auch sie waren zu so später Stunde unter den Nachtspaziergängern anzutreffen, und wir liefen ein grosses Stück gemeinsam durch unser kleines, idyllisches Dorf, das friedlich zu schlafen schien.

Wir richteten alle gemeinsam unsere Blicke abwechselnd gegen den Himmel, sahen die Sterne an, verloren uns in der Weite und malten uns aus, wo nun Alia sein würde. Vielleicht würde sie bereits von oben auf uns herabsehen und uns den Weg leuchten. Ein heller Stern, der unter all den anderen durch sein starkes und warmes Licht auffiel, bestärkte unsere Vermutung. Das musste unsere Alia sein!

Ich kam erst so gegen vier Uhr morgens wieder nach Hause vom Spaziergang. Es hat mir gutgetan, mir meine Füsse zu vertreten und gemeinsam mit meinen Eltern und meiner Schwester einfach darauf loszulaufen, ohne Ziel.

Auch meine Frau hatte nicht schlafen können. Ich machte mir unglaubliche Vorwürfe, natürlich auch, dass ich sie in dieser Situation alleine gelassen hatte. Wäre ich doch früher nach Hause gekommen, dann wäre es vielleicht gar nicht so weit gekommen oder ich hätte sie unterstützen können. Aber ich musste ja noch auf diese Messe fahren. Wir hatten noch telefoniert, und ich hätte an der Dringlichkeit ihrer Stimme schon erkennen müssen, dass ich heute nach Hause fahren sollte. Direkt, ohne Umwege. Mit wem hatte ich genau in dieser Zeit gesprochen auf der Messe? Welche Szenen hat sich einstweilen zuhause abgespielt? War da mein Mädchen noch am Leben oder hat sie zu dem Zeitpunkt schon mit dem Tode gerungen?

Ich machte mir aber auch um unsere Partnerschaft Sorgen. Würden wir das gemeinsam überstehen? Könnten wir den Schicksalsschlag irgendwann einmal überwinden? Vergessen würden wir nie, aber vielleicht würde es mit der Zeit leichter werden?

Auch die Sorge um meine grosse Tochter war immens. Wie sollte ich ihr das später einmal erklären? Sie verstand ja noch nicht, was tatsächlich passiert war. Würden wir sie nun anders behandeln, anders erziehen? Würden wir sie mit anderen Augen sehen? Mit Argusaugen, die wie ein Helikopter jederzeit über ihrem Kopf kreisen und sie bei jeder Handlung beobachten?

Vielleicht könnten mir hier die Sterne wieder eine Antwort darauf geben. Oder die Zeit. Sie ist geduldig und urteilt nicht. Sie heilt keine Wunden, die Narben in unseren Seelen und in unserem Herzen werden wir wohl ein Leben lang behalten.

Trauer hat verschiedene Gesichter

Ich nahm Alia wieder aus den Armen meines Mannes. Obwohl ich diesen intimen und innigen Moment zwischen meinem Mann und meiner Tochter nicht unterbrechen wollte, aber ich sehnte mich so sehr nach meinem Kind. Ich hatte sie auf meinen Armen, in eine flauschige Decke gehüllt und bemerkte auf einmal die vielen Menschen in unserer Wohnung, und wusste, dass die Stille ohnehin nicht mehr andauern würde. Ich wusste gar nicht, wer sich alles unter den Trauernden tummelte, so viele Leute waren auf einmal hier und wollten uns ihr Beileid bekunden. Das Care-Team war hier, die Staatsanwaltschaft, unsere Familien. Ich erinnerte mich zwar daran, dass meine Mutter mich zuvor noch fragte, ob ich jemanden unter den vielen Menschen vermissen würde, eine mir noch wichtige Person, die ich gerne um mich haben würde. Ich blickte daraufhin in die Runde, sah mir alle Gesichter an, zählte in meinem Gedächtnis mit, und kam schliesslich zu der Feststellung, dass die Paten von Alia nicht da waren. Daraufhin informierte meine Mutter auch die Paten, denn sie waren ein wichtiger Teil in meinem und vor allem im Leben von Alia. Ich war mir sicher, dass gerade jetzt deren Beistand auch der Wunsch von meiner jüngsten Tochter gewesen wäre. Trotzdem hatte ich nicht damit gerechnet, dass genau jetzt, in diesem Moment so viele Menschen um uns herum waren. In dem ganzen Trubel dachte meine Tante daran, für Alia eine Kerze anzuzünden. Es war eine sehr schöne Geste.

Malea wanderte einstweilen von den einen liebenden Händen zu den anderen, immer abwechselnd war sie einmal bei mir, dann bei Urs und dann wieder bei meiner Mutter. Jeder von uns dreien wollte sich einerseits von Alia verabschieden und andererseits aber auch um Malea kümmern, die die ganze Tragweite dieser Situation ja noch nicht verstand, sehr wohl aber unsere Trauer und den Kummer spüren konnte. Ich übergab Alia dann in die Arme meines Mannes und ging zu Malea, welche zu diesem Zeitpunkt draussen war. Ich fragte sie, ob sie sich von ihrer Schwester, die nun im Himmel war, verabschieden möchte. Sie sagte: «Ja, Mami, ich will.» So ging ich mit Malea in die Wohnung zu Alia und zu meinem Mann, der sie auf dem Arm hielt. Wir versuchten Malea so schonend wie möglich, aber gleichzeitig auch ehrlich die Situation zu erklären. Wir sagten ihr, Alia wäre nun im Himmel, an einem schönen Ort, der ihr auch viel Freude bereiten würde. Sie könnte uns aber sehen und würde immer auf Malea herabschauen. Malea konnte ihrer Schwester, die noch das Mundstück im Mund hatte, nun Lebewohl sagen. Sie streichelte sie zärtlich an der Wange und gab ihr noch ein Küsschen.

Die Situation war so unwirklich, so unbegreiflich. Was war bloss geschehen? Wir konnten es uns nicht erklären, warum wir Alia verloren hatten. Es gibt doch immer eine Chance heutzutage. Leute kämpfen gegen die schlimmsten Krankheiten an, überleben die schrecklichsten Autounfälle oder kämpfen sich nach einem schweren Schicksalsschlag zurück ins Leben. Die Medizin ist heutzutage auch bereits so fortgeschritten, dass es eigentlich immer ein Fünkchen Hoffnung gibt.

Warum aber gab es diese nicht für unsere Tochter? Es war unbegreiflich. Es kam uns so vor, als ob jemand einen Schalter umgelegt hätte, einen Knopf gedrückt hielt, der das Leben von Alia beendete. Vielleicht war es deswegen auch so unbegreiflich für uns, weil wir uns nicht darauf vorbereiten konnten. Es war keine schwere Krankheit, wo man den Menschen leiden sieht und mitbekommt, wie es dem Ende zugeht. Im Gegenteil. Alia war noch quietschvergnügt und lebendig, lachte und strahlte mit Malea um die Wette, und vom einen auf den anderen Moment war sie nicht mehr unter uns. Das zu realisieren, ist schier unmöglich. Als ob wir in einem Film wären und nur Zuschauer dieser Szene seien, inklusive aller trauernden Menschen um uns herum im Publikum. Wir konnten keine klaren Gedanken mehr fassen, nahmen alles nur mehr verzerrt und wie durch einen dicken Schleier auf. Die Worte, die uns die vielen Menschen entgegenbrachten, hörten wir zwar akustisch, aber wirklich angekommen sind sie weder bei mir noch bei meinem Mann Urs. Wir waren konfrontiert mit unzähligen Beileidsbezeugungen, die ich schon nicht mehr wahrnehmen konnte.

Ich hatte mich immer noch laufend entschuldigt. Dieses tiefe Bedürfnis wurde ich nicht los, ich fühlte mich verantwortlich, dass so viele Menschen nun traurig sind wegen mir. Ich glaubte, schuld an der ganzen Situation und dem Unglück der Menschen zu sein, die mir am nächsten standen. Dieses Gefühl ist nicht zu beschreiben, zwischen Trauer und Schuld hin-

und hergerissen zu werden, einem Herzen, in dem gerade eine bedrohende Leere herrscht und einem Verstand, der gerade nicht in der Lage ist, Informationen aufzunehmen oder zu speichern.

Die geknickten Gesichter der Menschen zu sehen, wie sie sich niedergeschlagen und trauernd den Gegebenheiten hingaben, machte es um nichts einfacher. Sie fielen mir weinend und aufgelöst in die Arme, und ich konnte ihren Schmerz förmlich fühlen, den sie gerade ausstehen mussten – wegen mir. Ich sah es als meine Pflicht an, sie zu trösten und ihnen Mut zuzusprechen, obwohl ich selbst nicht an meine Worte glaubte und eigentlich selbst ein Häufchen Elend war.

Die Luft fühlte sich auf eine eigenartige Weise schwer und erdrückend an. Das Element, das eigentlich der Ursprung jeglichen Lebens ist, wurde nun zu einer beängstigenden Kraft, die mir die Kehle zuzuschnüren drohte.

Ich schaute den Trauernden in die Augen, ich war wie in Schockstarre und liess die vielen Umarmungen, tröstenden Worte und Beileidsbezeugungen über mich ergehen und fing dann gleichzeitig wieder an, mich bei ihnen zu entschuldigen, für den Kummer, den ich ihnen gerade bereite. Ich hatte mich auch mehrfach bei Alia entschuldigt. Mami hätte besser aufpassen sollen, dann wäre das alles nicht passiert. Ich hatte wirklich gekämpft um ihr Leben, hatte aber keine Chance gehabt – es war aussichtslos gewesen.

Je mehr ich mich bei ihr entschuldigte, desto mehr erhoffte ich mir Erleichterung, dass dieses erdrückende Gefühl in meiner Brust endlich verschwinden würde. Aber es ging nicht weg. Egal, wie sehr ich dagegen ankämpfte mit meiner selbst auferlegten Endlosschleife an Entschuldigungen, ich konnte weder mir noch den Anwesenden helfen, den Schmerz zu unterdrücken, geschweige denn, ihn zu lindern. Ich hätte alles dafür gegeben, wenn ich an Alias Stelle sein hätte können, wenn ich mein Leben für ihres hätte lassen können. Ohne zu zögern. Jede Mutter weiss, wovon ich spreche. Man würde keine Sekunde lang überlegen, wenn man denn nur eine Wahl hätte. Aber diese hat man leider nicht… Schliesslich musste der Amtsarzt Alia untersuchen und offiziell ihren Tod feststellen. Er war alleine mit Alia in ihrem Zimmer, als er sie gründlich untersuchte. Sie lag auf ihrem Bett und liess die letzte Untersuchung über ihren leblosen Körper ergehen. Es war auch der letzte Anblick, den wir von unserer geliebten Tochter an jenem Abend bekommen hatten. Wir sahen sie, beinahe friedlich schlafend, auf ihrem Bettchen. Fassungslos, dass das alles gerade passiert ist, hatten wir dennoch Gewissheit, dass Alia von alldem nun nichts mehr mitbekommen hatte.

Mein Vater, mein Bruder, meine Mutter, unsere Freunde, die Paten, die Familie meines Mannes, alle waren sie da. Einerseits war es ein schönes Gefühl zu wissen, dass jeder uns in diesem Moment beistand und mit uns Alias letzte Minuten verbrachte. Man konnte den Zusammenhalt und die Liebe in der Wohnung spüren, die alle Anwesenden kundtaten. Andererseits aber kostete es mich extrem viel Kraft, diesen Abend zu überstehen. Ich war erschöpft, müde bis auf die Knochen und seelisch ausgelaugt von all dem Unglück.

Daher war ich ehrlicherweise sehr froh und erleichtert, als dann selbst der letzte Anwesende die Wohnung verlassen hatte. Es war so gegen 22 Uhr als wir drei zurückblieben. Wir fanden uns alleine wieder in einem riesigen Scherbenmeer an Gefühlen und Trauer und mussten nun irgendwie damit umgehen. Der Nebel um unsere Gedanken lichtete sich allmählich, wir kamen aus dieser passiven Beobachterrolle wieder zurück zu uns. Zurück in die Realität. Der Film, der sich in den letzten Stunden in unseren Köpfen abgespielt hatte, schien nun der Gegenwart zu weichen. War das nun wirklich geschehen? Ist das alles gerade passiert? Fassungslos blieben wir zurück, mit einem Familienmitglied weniger – quasi von einer Sekunde zur nächsten. Man kann diese Gefühle weder beschreiben noch in irgendeiner Weise für sich selbst begreiflich machen. Aber sie waren da. Unentwegt. In unseren Köpfen und unseren kaputten Herzen. Je mehr man sich selbst vorsagte, was gerade passiert war, desto absurder wurde alles. Man konnte jeden noch so kleinen Moment Hunderte Male durchgehen, er wurde dadurch weder plausibler noch glaubhafter. Wir konnten nicht daran glauben, dass von nun an und für immer ein wichtiger Teil unserer Familie fehlen würde …

An Schlaf war an diesem Abend natürlich nicht zu denken. Das flaue Gefühl in der Magengegend und das Stechen im Herzen hielten uns wach. Trotz der Erschöpfung, die uns allen in den Gliedern steckte, konnten unsere Körper keine Ruhe finden.

Wir wollten aber Malea zuliebe stark sein, sie auffangen und ihr so wenig wie möglich von unserem Kummer zumuten. Sie durfte dann an diesem Abend bei mir und meinem Mann im Bett schlafen. Wir hielten sie in unserer Mitte und sahen ihr beim Einschlafen zu. Sie schlief glücklicherweise recht schnell ein, wir hatten schon die Befürchtung, auch sie würde eine schlaflose Nacht durchleben. Als sie aber tief und fest eingeschlafen war, standen Urs und ich wieder auf. Mein Mann verliess die Wohnung und ging nach draussen für einen Spaziergang. Er konnte es wohl in den vier Wänden nicht mehr aushalten, sie waren so voll von negativen Emotionen und Eindrücken der letzten Stunden, dass er diese drückende Stimmung nicht mehr aushielt und frische Luft benötigte. Ich blieb zuhause, weil ich Malea auch nicht alleine lassen wollte, da sie ja schlafend in unserem Zimmer lag. Ich zückte mein Handy.

Unbedingt wollte ich mir ein Video von Alia ansehen, das sie selbst aufgenommen hatte. Sie hat sich selbst gefilmt, lachend mit direktem Blick in die Kamera. Ich konnte mich gar nicht sattsehen an ihren Augen und ihrem süssen Lächeln. Mir war, als sehe sie mich direkt an und würde mir zulächeln. Es war ein schönes Gefühl, ich verspürte eine unendliche Wärme und Schwerelosigkeit beim Anblick dieses Videos. Ich vermisste sie einfach jetzt schon unendlich! Diese kleine Sequenz spendete mir zumindest vorübergehend etwas Trost und holte Alia zurück in mein Leben.

Ich blickte in den Himmel, vielleicht konnte ich sie auch dort ein Stück weit spüren. Die Nacht war sternenklar, ungewöhnlich hell und strahlend. Es war eine sehr eigenartige Stimmung, mir war, als ob der Himmel lachte, weil Alia nun dort oben ist und uns zusieht. Vielleicht wollte sie uns mit dem Sternenmeer und dem Lichtstrahl etwas mitteilen. Vielleicht, dass es ihr gut gehe und wir uns wegen ihr keine Sorgen mehr zu machen hätten. Vielleicht auch, dass sie uns immer zusehen und uns nie alleine lassen würde ... Auch wenn sie nun nicht mehr unter uns sein kann, so ist sie dennoch immer bei uns. Anders als zuvor, aber nicht mit weniger Liebe für ihre kleine Familie.

Der nächste Morgen war angebrochen, alles fühlte sich so unwirklich an. Der Schrecken steckte uns noch in den Knochen, die Trauer übermannte uns. Es war ein schlimmer Morgen, der die Spuren des letzten Abends noch vor sich herzog. Wir sind aufgestanden, auch wenn Urs und ich keine Sekunde lang die Augen zugemacht hatten. Für uns war es aber wichtig, dass Malea einen routinierten und möglichst normalen Ablauf bekommt. Kinder benötigen vor allem in schwierigen Situationen bekannte Rituale und Tagesabläufe, das gibt ihnen Halt. Die Traurigkeit konnten wir nicht vor ihr verbergen, aber wir konnten alles daransetzen, dass für sie der Tag so normal wie nur irgendwie möglich abläuft. Daher bereitete ich Frühstück vor für uns alle. Ich nahm vier Teller aus dem Schrank, das dazugehörige Besteck und deckte für vier Personen den Frühstückstisch. Erst als der Tisch vollkommen gedeckt war und wir mit dem Essen beginnen konnten, fiel mir auf, dass ich wieder für vier Menschen gedeckt hatte. Traurig sah ich auf den leeren Teller auf Alias Platz hinüber. Beim Anblick schossen mir sogleich Tränen in die Augen. Nie wieder wird hier jemand sitzen, nie mehr wird dieser Platz besetzt sein. Er wird von nun an immer leer bleiben. Schweren Herzens legte ich das vierte Gedeck wieder zurück, dabei konnte ich meine Trauer nicht unterdrücken. Malea fragte mich zugleich, ob ich denn traurig sei. Sie schloss sich schliesslich meinen Tränen an.

Ich wollte eigentlich gar nichts essen, hatte keinen Appetit, und jeder Bissen drohte mir im Halse stecken zu bleiben. Aber ich habe mich zusammengerauft, meine letzten Kräfte mobilisiert. Für Malea. Ich wollte ihr damit zeigen, dass Mami nicht aufgibt. Ich wollte stark sein für sie und unsere Familie. Ein Vorbild wollte ich sein für Malea und ihr klarmachen, sie brauche sich keine Sorgen um Mami machen.

Und dennoch musste ich mir auch am Morgen immer und immer wieder die eine, an mir nagende, Frage stellen: Wie kann das nur passiert sein? Das ist doch alles nicht möglich. Das war doch nur ein schlechter Albtraum. Laufend musste ich den Abend vor meinem geistigen Auge wieder und wieder durchleben. Warum ging das alles so schnell? Warum gab es keinerlei Rettung für sie? Warum hatte ich nichts bemerkt? Und wieso hatte sie so eine erstarrte Mimik, als ich zu ihr und Malea ins Kinderzimmer gerannt kam? Warum war sie so ruhig danach und weshalb hat sie aus Mund und Nase geblutet? Ich wusste, ich hätte auf all diese offenen Fragen eine Antwort gebraucht, sie würden mich sonst innerlich zerfressen.

Ich wollte endlich Antworten auf all das Unbeantwortete, vielleicht konnte ich dann der Realität besser in die Augen sehen und die Situation für mich begreifbar machen.

Also beschloss ich, meinen Onkel um Rat zu fragen. Er ist Kinderarzt und kam in den darauffolgenden Tagen bei uns vorbei. Wir gingen ein Stück spazieren, und so konnte ich ihm meine Fragen stellen. Ich hatte Erklärungsbedarf zu den Funktionen im menschlichen Körper, zu den Abläufen und dessen Reaktion auf diverse Umstände und Gegebenheiten. Ich wollte eine medizinische Meinung hören, eine fachliche Einschätzung, um mir das Ganze rational erklären zu können. Vielleicht würde das helfen, zumindest meine Ohnmacht gegenüber dem Geschehenen loszuwerden. Er verhielt sich äusserst professionell und machte mir die Sichtweise eines Fachmannes klar – genau, wie ich es mir gewünscht hatte. Er beteuerte, er könne mir nicht genau erklären, was abgelaufen sei an jenem Abend, da er nicht anwesend war. Aber er hat mir viel über das Leben erzählt und auch erklärt, dass der Tod zum Leben nun einmal dazugehört. Auch für ihn als Mediziner. Er wollte mir klar die Schuld am Unglück nehmen, indem er mir versicherte, wir hätten nicht alles in der Hand und könnten nicht immer über Leben und Tod entscheiden, auch wenn die Medizin sehr fortschrittlich sei heutzutage. Er führte weiter aus, dass es manches Mal ganz schnell gehen kann, von einer Sekunde auf die andere, und man könnte dem nur machtlos gegenüberstehen.

Es tat mir sehr gut zu hören, dass er mir versicherte, dass auch aus medizinischer Sicht gesehen es tatsächlich so schnell gehen könne und einem hin und wieder alle Hände gebunden seien. Trotz aller Bemühungen und medizinischer Gerätschaften ist es nun mal nicht immer möglich, dem Tod zu entkommen. Ich wollte alles erklärt bekommen und hielt keine Frage zurück. Ich konnte förmlich spüren, wie sehr mich unser Gespräch während des Spazierganges aufbaute und mir guttat, eine objektive Sichtweise zu hören. Genau das war es, was ich in diesem Moment gebraucht hatte. Neutrale Erklärungen und fachliche Ausführungen.

Ebenso telefonierte mein Onkel mit dem Arzt, der die Autopsie an Alia durchgeführt hatte. Er erklärte mir dann alles, und ich wusste, nur so konnte ich vielleicht innerlich ein wenig abschliessen oder mir zumindest die Gewissheit für mich selbst geben, dass ich keine Chance hatte, ihr Leben zu retten. Ich hatte wahnsinniges Glück, dass mein Onkel Arzt war und er diese Aufgabe für mich übernahm. Die vielen Telefonate, die mein Onkel für mich tätigte und seine ausführlichen Schilderungen nahmen mir ein wenig das Schuldgefühl, das ich ständig mit mir herumtrug. Bei der Autopsie konnte man dann den wahren Grund feststellen, warum jegliche Bemühungen um das Leben meiner Tochter vergebens waren und meine Atemzüge für sie ins Leere liefen. Alia hatte wohl einen ganzen Ballon verschluckt, der sich so ungünstig in ihrer schmalen Kehle verhakte, dass das Aufblasventil nach oben ragte. Somit war jegliche Beatmung auch nutzlos, denn die Luft strömte zwar in ihre Luftröhre, wurde dann aber vom Ballon aufgefangen und hatte keine Chance, in ihre Lungen zu wandern. Der Ballon durfte so luftdicht abgeschlossen haben, dass kein einziger Atemzug an sein erklärtes Ziel kam. Mein Onkel meinte, das sei so selten, bis beinahe fast unmöglich, dass so etwas geschehe. Er verglich es mit einer treffenden Annahme, als würde jemand sein Haus verlassen und nach dem Öffnen der Haustür von einem Meteoriten erschlagen werden. Ich weiss nicht, ob mir dieses Beispiel geholfen hat, meine Ohnmacht und Handlungsunfähigkeit nachzuvollziehen, oder ob es mich noch wütender machte, dass das genau uns passieren konnte.

Das war einer der grössten Unterschiede zur Trauerbewältigung von mir und meinem Mann. Während ich jedes Detail geklärt und erklärt bekommen wollte, versuchte sich mein Mann davor zu schützen. Er wollte zwar den Grund des Todes von Alia kennen, aber keine weiteren Details zu Abläufen hören oder was sich im menschlichen Körper im Todeskampf so abspielen könnte. Jeder hat seine eigene Art und Weise, das Geschehene zu verarbeiten. Ich respektierte die Entscheidung meines Mannes, genauso wie er meine Entscheidung und den Umgang mit Alias Tod akzeptierte und mir zu keiner Zeit Vorwürfe machte. Jeder muss in diesem Moment selbst wissen, was ihm guttut und zur Trauerbewältigung beiträgt. Dabei sollte man sich keine Meinung aufdrängen lassen oder denselben Zugang wie ein anderer Mittrauernder wählen. Das kann man nur ganz persönlich für sich selbst herausfinden.

Bis auf diesen klärenden und informativen Spaziergang mit meinem Onkel verliess ich aber nur selten die Wohnung. Ich wollte zuhause bleiben, am liebsten in Alias Zimmer und ihre Anwesenheit spüren. Sobald ich die Wohnung verliess, hatte ich das Gefühl, als würde ich auch Alia verlassen, und das wollte ich zu diesem Zeitpunkt keinesfalls. Ich wollte bei ihr sein, in ihrem Zimmer ihre Anwesenheit spüren und mit Erinnerungen an sie zuhause verweilen. Am liebsten hielt ich mich in ihrem Zimmer auf, dort konnte ich ihr am besten nahe sein. So behielt ich ihre Kleidung, die sie an ihrem Todestag trug. Sie war mit eingetrocknetem Blut verwebt und das Erbrochene war noch zu riechen. Zerschnitten von den Ersthelfern und mit einem fahlen Geruch behaftet. Ich konnte und wollte es nicht säubern. Stattdessen bahrte ich es in ihrem Bettchen auf, und wenn mein Schmerz am grössten war, legte ich mich dazu. So kauerte ich neben den letzten

Kleidern von Alia und konnte ihren Geruch wahrnehmen. Es war ein beissender Geruch aus Erbrochenem und Blut, aber dennoch empfand ich ihn in diesem Moment als natürlich und angenehm und musste immer wieder daran riechen. Sie roch nach Alia, ihrem Lebenswillen und ihrer unendlichen Lebensfreude. Bestimmt breitete sich der Geruch schon in ihrem ganzen Zimmer aus, aber das machte mir nichts aus, ich wollte ihr einfach nahe sein. Als meine Mutter meine Art des Trauerns mitbekam, meinte sie liebevoll und mich schützen wollend, ich sollte die alte Kleidung wegräumen und mich davon loslösen. Das was ich da tue, würde mir gar nicht guttun und nicht wirklich dabei helfen, das Geschehene zu verarbeiten. Es war mir aber in diesem Moment egal, was meine Mutter sagte oder dachte, was gut für mich sei. Ich bemerkte zwar ihre Sorge um mich und konnte diese auch ein Stückchen nachvollziehen. Dennoch wollte ich diese Kleidung nicht hergeben, war es doch das Letzte, was mir bis heute von ihr geblieben ist. Darum bewahre ich sie immer noch auf. Ungewaschen und blutverschmiert, von Erbrochenem getränkt…

Mein Mann war hier wieder das genaue Gegenteil von mir. Er ging viel nach draussen, konnte die erdrückende Stimmung in der Wohnung nicht aushalten. Er verband die vier Wände mit dem Unglück, sah überall noch die Szenen vor seinem geistigen Auge und konnte jedem Winkel der Wohnung dieser Tragödie zuordnen. Daher half es ihm mehr, den Schauplatz zu verlassen, um so zumindest nicht ständig an die Handlungsabläufe erinnert zu werden.

Auch Malea trauerte auf ihre eigene Art und Weise. Sie war in der ganzen Zeit sehr abwesend. Körperlich war sie da, aber mit den Gedanken ganz woanders. Sie ging ebenso oft in Alias Zimmer und sprach mit ihrer kleinen Schwester, als ob sie noch unter uns sei und sich nur in ihrem Zimmer versteckt hätte. Sie berichtete Alia von ihrem Tag, was sie denn alles erlebt und gemacht hätte. Sie sprach mit ihr, als ob sich die beiden gegenüberstünden, als ob nichts gewesen sei. Ich unterstützte Malea dabei und sagte ihr immer wieder, dass Alia sie bestimmt hören könne, wenn sie mit ihr spreche. Es zerriss mir das Herz, bei dem innigen Gespräch unter Geschwistern zuzuhören, wohlwissend, dass es bei einem Monolog bleiben würde. Ich lauschte oft den Worten von Malea und welche Gedanken sie gerade an ihre tote Schwester richtete. Auch wenn ich den Schmerz kaum aushielt, so musste ich Malea bestärken in ihrem Handeln und ihr Mut machen, mit ihrer Schwester zu sprechen. Ich habe mir dabei jedes Mal gedacht, wie sehr ich mir ein Geschwisterchen für Malea wünschen würde. Sie dürfte nicht alleine aufwachsen, das war eigentlich nicht so geplant. Sie sollte mit Alia gross werden, mit ihr spielend erwachsen werden und neue Erfahrungen sammeln. Gemeinsam später mit ihr über heimliche Dinge tuscheln, die man vielleicht mit der Mami nicht mehr besprechen kann und so gemeinsam den Weg ins Erwachsenenleben gehen. Ich beschloss daher zusammen mit Malea eine Erinnerungskiste für und von Alia zu basteln. In ihr würden wir alle persönlichen Gegenstände, alle tollen Erinnerungen an sie sammeln, sodass kein einziger wundervoller Moment mit Alia in Vergessenheit geraten könnte und wir Alia immer präsent unter uns hätten, wenn wir gerade wieder das Bedürfnis dazu hatten. Wir wollten die Erinnerungen an sie einfangen, sodass wir ihnen niemals auch nur die Chance geben könnten, zu verblassen und aus unserem Gedächtnis zu verschwinden. Auch wenn das natürlich niemals der Fall sein wird, wir werden uns immer an Alia erinnern! Wir packten alles in die Kiste, was wir nur irgendwo auffinden konnten. So fanden ihre wundervollen Zeichnungen darin Platz, verstauten ihre Schuhe und Briefe in der Kiste. Auch ihre letzte Kleidung gab ich hinzu, ungewaschen und genauso, wie Alia sie zurückgelassen hatte …

Meine beste Freundin und gleichzeitig auch Patin von Alia hat mich in dieser Zeit wirklich sehr unterstützt und gestärkt. Sie hat mir eine sehr wichtige Frage gestellt, für die ich ihr unendlich dankbar bin! Sie wollte wissen, ob es irgendjemand gäbe, mit dem ich reden wollen würde, ob sie noch etwas für mich organisieren könne.

Und ja, tatsächlich, da gab es noch eine Sache, die mir sehr am Herzen lag und die ich unbedingt noch erledigen wollte.

Der Mann von der Notrufzentrale, der mich in meiner schwersten Stunde so tatkräftig unterstützt hatte und mich zum Weitermachen und Kämpfen um das Leben meiner Tochter animiert hatte, hat mich darum gebeten, dass ich mich bei ihm nochmals melde. Ich hatte seine Worte noch in guter Erinnerung und wollte diesem Wunsch unbedingt noch nachkommen.

Meine beste Freundin konnte ihn ausfindig machen, dafür bin ich ihr wirklich zutiefst dankbar. Ich konnte mit dem Mann sprechen, er erinnerte sich sofort wieder an mich. Offensichtlich hat auch er die Situation nicht vergessen und sie hat ihm ziemlich zugesetzt.

Ich habe ihm meine unendliche Dankbarkeit ausgesprochen am Telefon. Er hatte offensichtlich genau erkannt, was er tun oder sagen müsse, um mich zum Weitermachen anzutreiben, mich bestärkt zum Nicht-Aufgeben während der Reanimationsmassnahmen. Dank seines Scharfsinnes und seiner absolut korrekten professionellen Reaktion, konnte ich konzentriert bleiben und mein Möglichstes in dieser Situation geben, auch wenn mich meine Kräfte bereits schon längst verlassen hatten. Es war ein sehr aufwühlendes und emotionales Gespräch.

Trotz der Tatsache, dass wir uns völlig fremd waren, hatte uns jedoch diese tragische und intime Situation so verbunden, dass wir uns auf irgendeine Weise nahestanden. Auch er machte sich Vorwürfe, er dachte, er sei vielleicht an diesem Tag etwas zu hart mit mir ins Gericht gegangen, sei zu streng gewesen. Dieser Gedanke hatte ihm keine Ruhe gelassen. Umso wichtiger war es daher für mich, ihm zu beteuern, dass er genau richtig reagiert hatte und sein Umgang mit mir in diesem Moment nicht besser sein hätte können!

Ich habe ihm gesagt, er solle sich umarmt fühlen von mir und hoffte, ihm somit diese Selbstzweifel nehmen zu können.

Immer wieder in den nachfolgenden Tagen gingen mir Gedanken durch den Kopf, wie sich denn die Welt nun weiterdrehen könnte. Bei jedem Erinnerungsstück, das ich in Alias Kiste legte, dachte ich daran, wie man denn nun einfach weitermachen könnte. Wie ist es möglich, einfach in die Arbeit zu gehen, nach alledem, was uns widerfahren war? Wie kann man mit Banalitäten nun den Alltag bestreiten oder sich gar mit so unnötigem Zeug beschäftigen, in Anbetracht der schrecklichen Katastrophe, die unsere Familie erschüttert hat. Am liebsten hätte ich hinausgeschrien, die Erde solle sich doch verdammt noch Mal aufhören zu drehen! Jemand müsse sie anhalten, ihr Einhalt gebieten. Ich hätte alles dafür gegeben, könnte ich nur meine Tochter wieder zurückhaben, sie in den Armen halten und mit ihr lachen. Mein Leben hätte ich dafür gegeben, wenn Malea doch bloss ihre Schwester wieder zurückhaben würde.

Man kann sich kaum vorstellen, was es für eine Mutter bedeutet, wenn man seine älteste Tochter trauern sieht. Dieser Schmerz des verlorenen Kindes, gemischt mit der unendlichen Trauer und dem Mitgefühl für Malea, die ebenso um ihre Spielkameradin weinte. Ich wollte stark sein für sie, ihr den Kummer nehmen und sie trösten. Dabei war ich selbst so am Boden zerstört und hätte Trost so bitter nötig gehabt. Wie soll man da als Mutter dem Kind eine Stütze sein, wenn man selbst vor Trauer keinen Ausweg mehr kennt? Malea tat mir bis auf die Knochen leid, ich konnte das nicht mitansehen, wie diese kleine Seele in ihr trauerte. Sie fühlte sich alleingelassen, verlassen von ihrer Schwester und einsam. Ich wollte ihr so gerne diesen Schmerz nehmen, sah mich aber selbst nicht in der Lage, diese emotionalen Qualen zu überstehen. Wie sollte ich das bloss schaffen? Wie soll das funktionieren? Eigentlich ist das schier unmöglich. Es ist unmöglich, aus dieser Situation wieder herauszufinden oder sie zu überstehen. Hinzu kamen noch meine unendlichen Schuldgefühle, die mich nach wie vor plagten und mir keine Ruhe liessen.

Unser gemeinsamer letzter Weg auf deiner Reise, Alia

Der Tag rückte näher, an dem wir ins Krematorium fahren durften, um unsere Tochter das letzte Mal zu sehen. Ich fieberte diesem Tag sehr entgegen, wenngleich er auch mit gemischten Gefühlen behaftet war. Meine Erleichterung über das Wiedersehen mit Alia überwog jedoch. Ich freute mich richtig, sie zu sehen, auch wenn mir alle anderen eher davon abrieten, dies zu tun. Sie meinten, der Anblick sei nicht mehr derselbe. Ich würde nicht mehr diese Alia vor mir sehen, die ich in Erinnerung hatte. Tote Menschen sehen anders aus, hätten eine andere Mimik und Ausstrahlung als noch zu Lebzeiten. Aber die Gedanken der anderen kümmerten mich wenig, ich wollte nur zu meiner Tochter. Ich als Mutter würde sie immer wiedererkennen, ganz egal, was inzwischen mit ihr geschehen sein mag oder wie sie sich eventuell bereits äusserlich verändert haben mochte. Ich wurde von meinem Mann Urs begleitet, auch mein Bruder und die Geschwister von Urs schlossen sich uns an. Ebenso kamen die Schwiegereltern mit, sowie ein befreundetes Paar von uns. Ich war froh, dass noch mehr Menschen mitgekommen sind und ich nicht alleine sein musste beim letzten Besuch, auch wenn ich mich sehr darauf freute. Ich weiss nicht, ob das nachvollziehbar ist für einen Aussenstehenden, aber ich wollte meiner kleinen Tochter einfach wieder nahe sein!

Mein Bruder war mir bei diesem Gang, wie schon die Zeit davor, eine extreme Stütze. Natürlich traf dies auch auf meinen Mann Urs zu. Aber wenn beide Elternteile trauern, dann ist es schwierig, sich gegenseitig Halt zu geben und Mut zuzusprechen. Jemand, der dem Ganzen nicht ganz so nahesteht, kann das bedeutend besser. Als Ehepaar kann man sich in dieser Situation zwar einerseits unterstützen, andererseits dann aber doch irgendwie auch wieder nicht. Es sind immer gemischte und erdrückende Gefühle dabei, vielleicht gerade, weil man sich so gut in sein Gegenüber hineinversetzen kann und spürt, wie sehr der andere leidet, weil man selbst doch denselben Schmerz empfindet. Mein Bruder hielt in dieser Stunde meine Hand und stützte mich – nicht nur körperlich, sondern auch seelisch. Es war eine vertraute Geste, und es kam in dieser Situation genau von der richtigen Person, einer nahestehenden Vertrauensperson.

Dann kam der Moment als ich zu Alia ins Zimmer durfte. Ich war aufgeregt und voller Vorfreude, wollte den Moment mit ihr alleine geniessen und ging daher unbegleitet zu ihr. Sie lag da, so friedlich und ruhig. Sie hatte ihre frischen Lieblingskleider an, die ich ihr noch mitgeben durfte, ebenso wie ihr liebstes Kuscheltier, das nun unter ihrem kleinen Ärmchen klemmte. Sie schien es festzuhalten und zu umschlingen, wie sie es immer tat.

Ich hatte das unendliche Bedürfnis sie anzufassen und mit ihr zu sprechen. Ihre Wangen fühlten sich kalt an, ihr ganzer Körper hart und ungewohnt. Ich hatte noch ihre weichen Züge in Erinnerung, wie sie sich anfühlte, wenn ich sie umarmte. Nur ihre Haare waren noch so weich, wie ich sie in Erinnerung hatte und sie kannte. Sie machte auf mich einen zutiefst friedlichen Eindruck, als ob sie gerade schlafen würde. Dennoch spürte ich aber gleichzeitig an ihrer kalten Haut und den steifen Gliedern, dass ich nur mehr den Körper von Alia vor mir hatte und die Seele sowie jegliches Leben bereits aus diesem entwichen war. Es war zwar meine kleine, süsse Alia vor mir, aber nur mehr meine Gedanken waren es, die sich an die lebhafte Alia erinnerten.

Ich brach in Tränen aus und schüttete ihr gleichzeitig mein Herz aus. Abermals habe ich ihr mein Versagen beklagt, ich hätte besser aufpassen müssen, es war alles meine Schuld. Wegen mir liegt sie nun hier, für immer schlafend, an einem fremden Ort und nicht mehr in ihrem gewohnten Bettchen. Ich hätte es einfach erkennen müssen, wie konnte mir das passieren? Warum habe ich bloss nicht besser darauf geachtet? Warum habe ich zugelassen, dass wir nun getrennt sind. Das war alles meine Schuld, dass wir nun nicht mehr zusammen lachen können und die schönen Momente miteinander teilen.

Ich habe Malea die Schwester entrissen, durch mich können die Mädchen nun nicht mehr zusammen spielen und müssen ohne einander aufwachsen. Wie kann einer Mutter so etwas passieren? Ich konnte es immer noch nicht begreifen und machte mir die grössten Selbstvorwürfe, die man sich nur machen kann. Es wollte sich mir einfach nicht begreiflich machen, warum ich nichts bemerkt hatte, als Alia an mir vorbeigelaufen ist. Ich hätte bemerken müssen, dass sie etwas im Mund hatte, das hätte mir einfach auffallen müssen. Von Trauer und Schuldgefühlen übermannt, stand ich vor meinem Mädchen und konnte ihr nur mehr beim Schlafen zusehen.

Unbedingt wollte ich die Erinnerung an meine Tochter nach Hause mitnehmen und beschloss, ihr eine Haarsträhne als Andenken abzuschneiden. Das klingt vielleicht merkwürdig und eigenartig für Nicht-Betroffene, aber ich wollte meiner Tochter nahe sein, sie spüren und sie riechen. Ich hielt mich krampfhaft an jedes noch so kleine Stückchen Erinnerung fest, das ich mir nur verschaffen konnte. Ich legte die Haarsträhne dann in die Erinnerungskiste, die Malea und ich für Alia gebastelt hatten. Im Nachhinein bin ich sehr froh und glücklich, dass ich dies getan habe. Es gibt so viele, wundervolle Momente, an denen ich die Erinnerungskiste öffne, ihre Zeichnungen betrachte, ihre Sachen liebevoll ansehe und ihre Haarsträhne, mit einem Lächeln an die süssen Erinnerungen mit meiner Tochter, streichle. Ich konnte mir somit etwas Beständiges mit nach Hause holen. Etwas, das mich immer an sie denken liess und nicht vergänglich war. So hatte ich Alia immer bei mir. Auch körperlich.

Mein Mann Urs hingegen ging nicht mit hinein in ihr Zimmer im Krematorium. Er wartete draussen vor der Tür, er wollte Alia so in Erinnerung behalten, wie er sie kannte. Vielleicht hatte er Angst vor dem Anblick, er würde seine Tochter anders vorfinden, als er sie kannte. Alle anderen Anwesenden im Krematorium gingen noch zu Alia um ihr Lebewohl zu sagen, aber für meinen Mann kam dies nicht infrage. Es war aber für ihn die richtige Entscheidung, an der er bis heute festhält und für mich vollkommen in Ordnung ist. Er hatte seinen Moment am Todestag von Alia, abends ganz alleine mir ihr. Das war sein ganz persönlicher und intimer Moment mit seiner Tochter, den er noch geniessen konnte.

Für mich hingegen hatte dieser Gang und die letzte Verabschiedung etwas beinahe Natürliches im Lebenskreislauf. Ich wollte diesen schliessen und den Prozess für mich auch beenden. Das war mir sehr wichtig. Ich habe sie als Mutter auf die Welt gebracht, also sah ich es auch irgendwie als meine Pflicht an, mit ihr diesen letzten Schritt zu gehen und sie zu Grabe zu tragen.

Das Planen der Beerdigung des eigenen Kindes ist dann tatsächlich noch einmal eine wahre Herausforderung, die einem die letzten Kräfte abverlangt. Man hat die letzten Stunden mit ihr erlebt, den Todeskampf mitbekommen und den leblosen Körper im Krematorium gesehen – und dennoch ist das Begräbnis der eigenen Tochter so unrealistisch und surreal, dass man es nicht begreifen kann oder auch möchte, welche vermeintliche Feierlichkeit man gerade vorbereitet.

Es war ein sehnlicher Wunsch von mir und meinem Mann, dass Alia an ihrem Gedenktag noch einmal so dargestellt wird und ihr Wesen noch einmal so erlebt werden kann, wie sie im Leben war. Aufgeweckt. Freundlich und voller Energie und Lebensfreude. Wir haben ein grosses Foto von ihr drucken lassen und eine liebevolle Diashow von ihren schönsten Schnappschüssen zusammengestellt, welche wir auf der Beerdigung präsentierten. In der Kirche sollten die Klänge ihres Lieblingsliedes zu hören sein. Ich habe den Refrain immer noch in den Ohren. Es war ein fröhlicher Song, der normalerweise gute Laune verbreitet und zum Mittanzen anregt. Eigentlich nicht gerade ein Lied, das man auf einem Begräbnis erwarten würde, aber wir wollten den Tag für und mit Alia gestalten.

Die Planung und die Feierlichkeiten übernahm der Diakon, der Alia auch schon getauft hatte. Auch das war uns sehr wichtig, und für mich schloss sich hier ebenso wieder der Kreis. Er machte uns darauf aufmerksam, dass es sein könnte, dass sehr viele Menschen zur Beerdigung in die Kirche kommen würden. Ich verstand das irgendwie gar nicht, so viele Bekannte und Freunde hatte ein kleines Geschöpf ja noch gar nicht. Also war mir nicht ganz klar, wer denn hier alles zur Feier kommen würde. Ich sollte aber Unrecht behalten. Am Tag der Feier war die Kirche voll von Menschen, die Anteil nahmen an unserem Unglück. Es waren so viele Leute versammelt, dass sie nicht einmal mehr einen Platz zum Sitzen bekommen hatten und deshalb bis hinten zur Kirchenwand stehen mussten. Wir sassen in der ersten Reihe und beobachteten das schier nicht mehr aufhören wollende Ankommen der Menschen. Die geplante Diashow lief, Alia lachte vom grossen Foto am Eingang der Kirche und begrüsste somit alle Teilnehmer zu ihrer Gedenkfeier. Ihr Lieblingslied lief, und es war ein Tag voll und ganz im Zeichen von Alia. Genauso und nicht anders hätte sich Alia ihr Begräbnis auch gewünscht. Es wurden dann Sonnenblumen an die Menschen verteilt, die sie zum Gedenken an Alia niederlegen durften. Wir haben diese Blume gewählt, da sie aus unserer Sicht genau die freundliche und warme Persönlichkeit von Alia widerspiegelt. Diese Erinnerung wollten wir einfangen, auch im floralen Gruss an sie. Es war eine Trauerfeier, die ganz im Sinne und Zeichen von Alia stand. Obwohl sie mit sehr viel positiven Momenten geschmückt war –

die Blumen, das aufmunternde Lied «Veo, veo» von den Hot Banditoz, die fröhlichen und lachenden Bilder von Alia aus noch unbeschwerten Tagen – war es gleichzeitig auch ein tieftrauriger Tag. Alle weinten, die gesamte Kirche verwandelte sich in eine Trauergemeinde, die ihre Tränen nicht mehr zurückhalten konnte. Es war unbeschreiblich emotional und schön zugleich, dass wir Alias Gedenkfeier genauso gestalten konnten, wie sie es sich gewünscht hätte und ihrer Persönlichkeit entsprach.

Malea liess uns die ganze Zeit nicht aus den Augen und war immer bei uns. Selbst, als wir nach vorne traten, um unsere letzten Worte an Alia zu richten, begleitete sie uns.

Mein Mann, ich selbst und auch der Pate richteten noch liebevolle Worte an sie.

Meine Worte an dich, Alia:

Es ist so schwer die richtigen Worte zu finden, es ist einfach nicht richtig, dass wir heute hier stehen müssen, um dir, liebe Alia, tschüss zu sagen ...

Alia, ich möchte dir danke sagen, danke, dass ich deine Mami sein durfte, danke, dass du unsere Familie ausgesucht hast. Du glaubst gar nicht, wie erfüllend die Zeit mit dir war. So bereichernd und wertvoll. Sie war so erfüllend, weil du, Alia, so ein spezielles kleines Geschöpf gewesen bist. Du hattest eine so schöne erwärmende Art an dir. Du warst ausgeglichen, fröhlich und hast den Kontakt zu jedem Menschen gefunden, der dir begegnet ist. Du hast einen einfach in den Bann gezogen und tief in einem drin berührt. Dein Verlust ist mit nichts zu ersetzen und tut so unendlich weh.

Alia, ich liebe dich von ganzem Herzen! Du fehlst mir so ... ich vermisse es so fest, dass du mich morgens rufst, um mich so aus dem Bett zu holen, ich vermisse deine Küsse, das Kuscheln mit dir, deine Berührungen, dein Lachen, den Quatsch, den du immer gemacht hast, ich vermisse einfach deine ganze Art, weil du für uns perfekt gewesen bist. Alia, ich glaube fest daran, dass wir uns irgendwann wiedersehen und dann – Alia das verspreche ich dir – lass ich dich nie mehr los!

Ich liebe dich, Alia!

Die Worte von meinem Mann an Alia:

Wie soll ich in einer solchen Situation die richtigen Worte finden, um dir tschüss zu sagen?! Das ist doch einfach nicht die Aufgabe eines Vaters! In meinem Kopf sehe ich all die schönen Momente mit dir. Dein stolzer Ausdruck, als du alleine mit dem Trottinett umhergedüst bist oder wenn das Postauto vorbeifuhr und du sofort das Lied dazu gesungen hast: «Düdadoo, Postauto!» Auch dein verschmitztes Lächeln, wenn du Quatsch gemacht hast, ja, auch das sehe ich vor meinen Augen ... du warst so zuckersüss, einfach zum Fressen! Ich vermisse jetzt schon deine Küsse, die du mir morgens, wenn ich zur Arbeit fuhr, gegeben hast oder dein strahlendes Lächeln, wenn ich wieder nach Hause kam. Das hatte mir so viel bedeutet!

Du bist einfach viel zu früh von uns gegangen, Alia! Mein einziger Trost, den ich habe, ist: Dass du einfach zu gut warst für diese Welt und deshalb schon gehen musstest.

Malea fragte mich diese Woche, ob Engel auch Ohren haben? Ich habe ihr geantwortet, ja klar, Alia hört alles! Ich glaube, sie möchte dir noch so viel erzählen, deshalb bitte ich dich, hör ihr gut zu und beschütze sie, wann immer du kannst. Auch auf deine Mami musst du jetzt gut schauen, Alia. Ich bin der Meinung, dass wer einen kleinen Engel als Freund hat, muss auf der ganzen Welt nichts mehr fürchten!

Meine kleine Maus, ich bin so stolz auf dich! Du hast geschafft, was andere ihr ganzes Leben nicht schaffen, du hast alle Leute, die du kanntest mit deiner offenen, strahlenden Art berührt und mitgerissen! Ich dachte schon immer, dass du ein Engel sein musst!

Alia, ich habe jetzt keine Angst mehr vor dem Sterben ... ich freue mich riesig auf dich!

Ich liebe dich Alia und trage dich immer in meinem Herzen!

Ein schöner, emotionaler und trauriger Tag, der aber Alia alle Ehre machte. Wir hatten sie auch mitten unter uns. Die Porzellanurne, welche die Form eines grossen Sternes trägt, war in der Kirche aufgebahrt. Wir haben uns entschlossen, Alia dann mit nach Hause zu nehmen, wo ihr zuhause nach wie vor sein sollte. Somit haben wir sie immer bei und unter uns, können mit ihr sprechen und sie in unser Leben miteinbinden. Sie ist nach wie vor ein Teil von uns, wenngleich wir auch nicht mehr ein Teil von ihrem Leben sein können ...

Nach der Trauerfeier in der Kirche hatten wir noch die engsten Freunde, Bekannten und Verwandten zu uns in den Garten eingeladen. Es gab Pizza und Eiscreme, die Lieblingsgerichte von Alia. Ich konnte leider nicht die gesamte Trauergemeinde einladen, ich wusste nicht einmal, wer mich in der Kirche so alles rührend umarmt und mir seine Beileidsbekundungen zugesprochen hatte, aber die wichtigsten Menschen, die uns nahestanden, konnten dieses Wunschmahl von Alia noch mit uns teilen und den Tag somit gemeinsam mit uns ausklingen lassen.

In den nachfolgenden Tagen waren wir mit einer regelrechten Flut an Gedenkkärtchen konfrontiert. Es waren bestimmt an die 400 unterschiedlichsten Karten, die wir von Menschen aus dem gesamten Ort bekommen haben. Ich kannte ihre Absender auch kaum, bestimmt waren viele dabei, die auch schon auf der Beerdigung in der Kirche waren. Vielleicht gab es auch einige, die nur von unserem Schicksalsschlag gehört hatten und uns ihre Anteilnahme aussprechen wollten.

Wir haben jede einzelne Karte durchgelesen, ihre bunten Bilder und liebevollen Sprüche betrachtet und jedes einzelne, emotionale Wort, das an uns, unsere Familie oder Alia selbst gerichtet war, gelesen. Sorgsam habe ich jedes einzelne Kärtchen in drei Ordnern aufbewahrt, die nun prall gefüllt sind mit wundervollen Anteilnahmen. Es tat mir gut, diese zu lesen, zu sortieren, ihre Worte aufzuschnappen und zu versorgen. Somit hatte ich eine Beschäftigung für die Tage nach der Beerdigung, die mich aber gleichzeitig meiner Tochter wieder nahebrachte. Ich habe viele davon auch zusammen mit Malea gelesen, sie machten uns Mut und gaben uns unvorstellbare Kraft. Eine rührende Geste von Solidarität und zwischenmenschlicher Anteilnahme, wie ich sie mir nicht erwartet hatte, aber doch so sehr genoss. Wenn wir ehrlich sind, dann geht der Zusammenhalt in der hektischen und anonymen Zeit von heute schnell einmal verloren. In diesem Moment allerdings konnte ich ihn spüren und ich konnte mich darauf besinnen, was wirklich wichtig ist im Leben. Zusammenhalt. Liebe. Einander Kraft schenken und Trost spenden.

Allen konnte ich es sagen. Bei anderen fiel es mir sehr leicht, klare und aufmunternde Worte zu sagen, ihnen diese Schuldgefühle und Selbstzweifel streitig zu machen. Ich habe zu allen gesagt, dass niemand etwas für diese tragischen Umstände dafür könne, es hätte niemand Schuld am Tod meiner Tochter. Es war ein Unfall, der tragischer nicht sein hätte können, und es in der Macht von niemanden gestanden hätte, auch nur das Geringste daran zu ändern. Auch wenn ich es noch so oft wiederholte und anderen glaubhaft machen konnte, mir selbst konnte ich es nicht sagen. Meine Schuldgefühle blieben bestehen und konnten mir auch nicht genommen werden. Fraglich, ob dies jemals der Fall sein wird. Auch wenn es ein Unfall war, so hatte immerhin ich als Mutter an diesem Tag die Aufsichtspflicht.

Dass es gerade bei mir passiert ist, als ich mit Alia und Malea alleine war, kann ich mir nicht verzeihen. Vielleicht wird es irgendwann leichter, aber in Vergessenheit kann so etwas nie geraten! Da würde man sich selbst nur etwas vormachen.

In diesen Tagen haben wir sehr viel Unterstützung erhalten von unseren Familien. Es war ein Zusammenhalt, der wirklich wundervoll war, genau zum richtigen Zeitpunkt kam und uns gestärkt hatte. Mein Bruder kam und hat für uns alle gekocht. Er bereitete Massen an Speisen zu, die wir dann auch einfrieren konnten und uns zumindest um unser leibliches Wohl keine Sorgen machen mussten. Mein Vater kam sehr oft vorbei und war mir eine grosse Hilfe bei der Organisation der Beerdigung. Er war für mich da und gab mir Halt. Auch meine Mutter war an meiner Seite und spendete mir Kraft, wie es eben nur eine Mama zu tun vermag. Alle Familienmitglieder standen uns zur Seite und halfen, wo sie uns nur helfen konnten. Sie gingen mit meinem Mann Urs spazieren, der nach wie vor gerne noch vor die Wohnung ging, um ein bisschen Abstand zum Geschehenen in der Wohnung und die Bilder der tragischen Szenen aus dem Kopf zu bekommen.

Ihr Mitgefühl und ihre Hilfestellung waren ausserordentlich, dafür möchten wir uns auch von Herzen bedanken bei all jenen, die uns durch diese schwierigste Zeit unseres Lebens geholfen hatten. Es tat gut, so viel Unterstützung, Wärme und Liebe zu spüren. Vor allem beim bevorstehenden Verfahren der Staatsanwaltschaft gegen mich, das dann eingeleitet wurde, war mir der familiäre Rückhalt eine grosse Unterstützung. Bei einem unklaren Kindstod wird automatisch ein Verfahren eröffnet, wenn man die Todesursache nicht zuordnen kann. Dies wurde jedoch dann beim Verfahren selbst fallen gelassen, und es war auch wundervoll zu lesen, dass die Staatsanwaltschaft in ihrem Schreiben nochmals erwähnt hatte, dass mich keinerlei Schuld am Tod meiner Tochter getroffen hatte. Auch persönlich hat mir der Staatsanwalt diese erlösende Botschaft mit auf den Weg gegeben, dass ich alles darangesetzt hätte, meiner Tochter zu helfen und ihr das Leben zu retten. Ich hätte nichts falsch gemacht und absolut richtig gehandelt.

Es ist unglaublich befreiend, solche Worte von Menschen zu hören, die das Geschehene objektiv und auch fachlich beurteilen können. Dieses Gefühl schenkte mir bereits mein Onkel in seiner Aufgabe als Kinderarzt, der

Mann am Notruftelefon, der Mann der Rega und nun schliesslich auch die Staatsanwaltschaft.

Die Zeit ohne dich, meine süsse Alia

Natürlich war danach noch nicht alles in Ordnung, und ich wusste, ich muss das Geschehene mit professioneller Hilfe aufarbeiten. Nur – wie soll ich das angehen, wer kann uns helfen. Gibt es überhaupt einen Arzt, der uns diesen Schmerz nehmen kann, der mir helfen kann, das Erlebte zu vergessen oder einfach zu verarbeiten? Wir alle brauchten jetzt Hilfe. Aber so ein Schmerz, so ein Verlust gepaart mit dem Trauma – das alles bleibt aufgrund des Erlebten und das ist nicht so einfach zu behandeln. Da ich so gut wie nie zum Arzt ging bzw. gar keinen richtigen Hausarzt hatte zu diesem Zeitpunkt, wusste ich gar nicht, an wen wir uns wenden sollten. Ich war völlig verloren und habe im Internet komplett durcheinander nach Hilfe gesucht. Da stiess ich auf die Seite «Kindsverlust.ch»! Als ich die Seite durchstöberte, wusste ich, da muss ich mich melden, die können mir helfen. Es ist eine so tolle Organisation, welche für Betroffene aber auch für Fachpersonal da ist, für alle möglichen Fragen in Bezug auf den Kindstod und was danach kommt. Das war auch so, sie haben mir viele wichtige Tipps gegeben und mir Adressen zugesandt, bei denen ich mich melden konnte. Für mich war leider keine ansprechende Anlaufstelle dabei, aber die Tipps und das Wissen, ich kann mich jederzeit melden, wenn ich Fragen habe, waren schon sehr viel wert. Zugleich musste ich mich aber auch um einen neuen Hausarzt kümmern. Nichts war mehr so wie vorher. Ich wusste, ich musste mir Hilfe holen, ich würde diesen unsagbaren Verlust und diesen immerwährenden Schmerz, der jede Sekunde präsent war in meinem Herzen, nicht alleine besiegen können. Er hatte mich und meinen Alltag fest im Griff, bestimmte jede berufliche und private Entscheidung von mir. Ich konnte meinem Beruf nicht mehr nachgehen. Obwohl ich eigentlich in meiner Tätigkeit aufgeblüht bin, schaffte ich es nicht mehr, auch nur irgendeiner Beschäftigung nachzugehen. Zu gross war die seelische Erschöpfung, die meinen Körper lähmte. Ich fühlte mich kraftlos, völlig erschöpft, als ob man mir jegliche Energie geraubt hatte. Ich war mit mir selbst überfordert, mit meinem Leben und dem Sinn dahinter. Und schon gar nicht wollte ich nun Verantwortung für andere Menschen übernehmen. In meiner Arbeit musste ich immer aufmerksam sein und durfte mir keinen Moment der Unachtsamkeit erlauben, denn es konnte jederzeit eine Gefahrensituation entstehen. Was, wenn ich dem nun nicht gewachsen war? Wenn ich nicht korrekt reagieren könnte in einer ernsten Situation? Ich habe die Verantwortung über andere Mitmenschen und weiss gleichzeitig nicht, ob ich dieser noch immer gewachsen bin. Meine Sorge über mein mögliches Versagen quälte mich. Die Tatsache, dass ich nicht mehr in der Lage war, mich selbst einzuschätzen, meine Reaktion und meine Handlungsfähigkeit im Ernstfall, spaltete mein Gewissen. Konnte ich so noch beruhigt zur Arbeit gehen? Nicht wissend, ob ich in einer ernsten Situation in eine Art Schockzustand geraten würde, da ich vielleicht an Alias Kampf erinnert werden würde? Diese Vorstellung, wieder an den Moment erinnert zu werden, als ich den kleinen, leblosen Körper meiner süssen Maus in meinen Händen hielt, ohnmächtig und ohne jegliche Chance auf Rettung, konnte ich einfach nicht ertragen und würde ich auch kein zweites Mal ertragen können! Das war mitunter das Schlimmste, was ich mir ausmalen konnte in der jetzigen Situation. Erneut in diese Lage zu kommen, zu versagen, zu resignieren und wie paralysiert dem Geschehen beizuwohnen, ohne geringste Möglichkeit, helfen zu können. Ich konnte mit dieser Ungewissheit nicht arbeiten gehen und wollte das auch nicht. Nicht jetzt und auch nicht so. Daher musste ich mir einen Arzt suchen, der mich krank schreibt und mir so diesen Druck von den Schultern nahm. Schliesslich habe ich bei meinem eigenen Kind versagt, ich wurde meiner Verantwortung als Mutter, meiner Pflicht meiner Tochter gegenüber, nicht gerecht. So fühlte es sich zumindest an. Nein, ich konnte nicht zur Arbeit, nicht jetzt, nicht so. Nach kurzer Suche fand ich einen Arzt, dem ich vertrauen konnte, der mich sofort krank schrieb und mich regelmässig sehen wollte, um zu beurteilen, wie es mir ging, wie sich meine Psyche entwickelt. Mein Arbeitgeber war zum Glück in dieser Hinsicht sehr kulant, und ich konnte so ein halbes Jahr krank geschrieben werden, ohne um meinen Job bangen zu müssen. Ich durfte auch hin und wieder zum Probearbeiten kommen, wenn ich das Gefühl hatte, ich wäre nun wieder so weit und hätte eine Beschäftigung gebraucht.

Da ich mir zudem riesige Sorgen machte um Malea, um ihre Psyche, denn sie hatte ja das Gleiche erlebt wie ich, wollte ich auch für sie eine

Hilfe. Sie war ja bei allem dabei, sah ihre kleine Schwester sterben, sah ihre Mutter kämpfen und musste feststellen, dass auch ihre Mami nicht alles in der Hand hatte. So nahm ich Kontakt auf zu ihrem Kinderarzt und besprach mit ihm alles. Er war dabei eine sehr grosse Hilfe. Er hatte erkannt, was wir brauchen, welche Hilfe jetzt nötig ist. Er suchte uns Kontakte heraus, Psychiater, welche auf traumatisierende Ereignisse im Zusammenhang mit Kindern spezialisiert sind. Wir haben uns für eine systemische Familientherapie entschieden. Mir wurde erklärt, dass die Familie wie ein Mobile ist. Ist eine Seite beschädigt, schwankt das Mobile und kommt aus dem Gleichgewicht. So ist es auch in der Familie. Ein Teil ist bei uns ganz weggebrochen und die anderen waren stark angeschlagen. Wobei es bei mir am schlimmsten war. Aufgrund dessen begab ich mich als Erste in Therapie. Damit das Mobile wieder einigermassen ins Gleichgewicht kommt und nicht noch mehr ins Schwanken gerät. Die Kinder werden so über die Eltern therapiert, sprich, geht es den Eltern gut, geht es indirekt auch den Kindern gut und solange es keine Anzeichen dafür gibt, das dem nicht so ist, muss ein Kind auch nicht zur Therapie. Jede Woche besuchte ich diese wunderbare Therapeutin, diese tolle Frau, mit dem Ziel, das Trauma aufzulösen, mit dem Ziel, einen Umgang mit meinen Schuldgefühlen zu finden und irgendwie wieder in den Alltag zu finden. Denn die Welt, die dreht sich weiter, ob man möchte oder nicht. Es tat mir so gut mit ihr zu sprechen, einen neutralen Ort zu haben, eine neutrale Sichtweise zu erleben. Wenn das eigene Kind auf so eine Art und Weise stirbt, die ganze Familie über den Verlust trauert, wo soll man da hingehen und Trost suchen? Ich wollte niemanden belasten, ich wollte niemandem zumuten, wie es in mir aussah, welche schwere, dunkle Last in mir war. Trost suchen bei jemandem, der selber trauert, der selber tieftraurig ist und dem die Tränen sofort in die Augen schiessen, wenn man über den eigenen Schmerz spricht … nein, das macht man nicht. Oder zumindest ich nicht. Zudem wollte ich die Menschen nicht immer und immer wieder an das Ereignis erinnern. Ich hatte den Eindruck, dass alle um uns herum, unsere Freunde, unsere Angehörigen, wieder zurück in ihrem Alltag sind, ihrem Leben wieder wie gewohnt nachgehen. Ich wollte sie nicht belasten mit diesem Thema und sie immer wieder in meine schwere Welt holen.

Jedes Mal, wenn ich zur Therapie ging, musste ich erzählen, wie es der Familie geht. Welche Themen gerade aktuell waren und vor allem, wie sich

Malea verhielt. Das Mobile wurde wieder angeschaut und beurteilt. Irgendwann bemerkten wir, dass es für Malea nun an der Zeit wäre, eine Unterstützung von einer Person ausserhalb zu erhalten. Kinder versuchen nach einem solchen Ereignis oft ihre Eltern zu schützen. Malea erzählte uns zwar was sie bedrückte, aber meistens erst dann, wenn sie schon in einem Panikzustand war oder erst dann, wenn wir sie abends im Bett weinen hörten. Die arme kleine Maus. Sie sagte mir so oft: Mami, ich bin so alleine, ich habe niemanden mehr! Wenn ich ihr dann sagte, dass wir da sind und sie so viele Freundinnen hat, erwiderte sie mir: Mami, ich brauche keine Freundinnen, ich brauche eine Schwester. Ich möchte Alia zurückhaben! Oh mein Gott, eine solche Aussage, die sitzt tief. Das schmerzt so unendlich fest. Wie gerne hätte ich ihr diesen Wunsch erfüllt.

Wir als Eltern müssen uns bewusst sein, dass Malea ein traumatisiertes Kind ist. Sie ist kein Mädchen, das eine unbeschwerte, leichte Kindheit hat und in einer völligen Luftblase aufwächst. Nein, sie ist von einer Sekunde auf die andere in die Erwachsenenwelt geholt worden. In die bittere Realität des Lebens. Ein paar Wochen nach Alias Tod entwickelte sie zudem enorme Verlustängste. Sie wollte immer wissen, wo ich bin oder mein Mann ist. Sie kam sichtlich in eine Art Stresszustand, wenn mein Mann oder ich weg waren. Am liebsten hatte sie alle um sich herum, die ganze Zeit. Ich glaube, sie versuchte so die Kontrolle zu behalten, Kontrolle die sie in dem Moment, als ihre Schwester starb, abgeben musste. Wenn ich oder mein Mann weggingen, musste sie sich immer mit regelmässigen Anrufen oder per Videotelefonie vergewissern, dass alles noch gut ist. Es gab und gibt auch Situationen, in denen Malea auf einmal ruhig wird, anfängt zu weinen, weil sie irgendetwas an ihre Schwester erinnert. Sei dies, wenn sie oder jemand aus der Nase blutet, ein Krankenauto uns entgegenkommt oder eine Familie mit zwei kleinen Mädchen, wie sie und Alia das waren, bei uns zu Besuch sind. Manchmal völlig banale Dinge, und manchmal lösen logische Trigger dieses Verhalten aus. Meistens will sie dann sofort nach Hause oder weg aus der Situation. Verständlich. Es schmerzt sehr, sie in solchen Situationen zu sehen. Wie gerne würden wir ihr diesen Schmerz, diese Gedanken, dieses Trauma abnehmen. Wie gerne hätten wir sie vor all dem beschützt, aber es lag nicht in unserer Macht. Stellt euch vor, liebe Lesende, da ist dieser riesen grosse Schmerz über den Verlust und nun hast du auch noch eine Tochter, die extrem angeschlagen ist, deren Kindheit plötzlich eine andere ist. Auch das veränderte unser Familienleben.

Neben unserem Schmerz über den Verlust, müssen wir für Malea nun die besten Rahmenbedingungen schaffen, damit sie wieder eintauchen kann in eine kindliche, sorgenfreie Welt. Wir versuchen Malea so gut wie wir nur können, zu unterstützen, so gut wie es geht, sie zu begleiten. Malea besucht nun auch eine Therapiestunde am gleichen Ort wie ich es tat, auch wöchentlich. Zudem dachten wir, der Umzug ins neue Haus wird Malea guttun. Schliesslich ist ihre Schwester in ihrem Zimmer gestorben bzw. der Unfall ereignete sich in ihrem Zimmer. Das eigene Zimmer sollte doch immer ein Ort sein, in dem man sich wohlfühlt und man weiss: Hier bin ich sicher, hier kann mir nichts passieren. Aber das war es für Malea nicht mehr. Wenn sie schlecht geträumt hatte oder Schwierigkeiten hatte beim Einschlafen und wir ihr sagten: Du brauchst keine Angst zu haben, es passiert dir nichts im Zimmer. Dann stimmte das ja nicht. In ihrem Zimmer ist das Schrecklichste passiert. Also dachten wir, der Umzug in ihr neues Zuhause und ihr neues Zimmer würde ihr guttun und uns natürlich auch. Raus aus diesen Räumlichkeiten, weg von den schrecklichen Erinnerungen. Ein neuer Anfang, neue Räumlichkeiten, aber mit dem Wissen, Alia weiss, wo wir jetzt wohnen, sie weiss, wo sie uns besuchen kann, und wir hatten sie bei uns, nur nicht mehr lebendig. Ihre Urne bekam einen wunderschönen Platz im Haus. Der Stern, ihre Urne, liegt auf ihren Nuschelis, rundherum ihre Nuggis und ganz viele Bilder von uns als Familie. Viele Bilder von ihr, welche uns an unsere zuckersüsse Maus erinnern. Sie war bei uns, ist mit uns umgezogen … das beruhigte unglaublich.

Mit dem Umzug musste Malea auch den Kindergarten wechseln. Ich weiss, eigentlich viel zu viel für ein so kleines Wesen mit einem solchen Trauma, aber wir haben mit allen um uns herum gesprochen, mit den Ärzten und unserer Familie, und wir alle waren der Meinung, dass es wichtig sei, jetzt das Geplante auch umzusetzen. Es war wichtig für Malea, dass wir jetzt nicht alles wieder verändern, was geplant war. Sie wusste, was auf sie zu kommt, schon bevor Alia gestorben war. Dass es nun so weit war, war noch einmal schwierig, aber gab ihr auch ein Gefühl der Normalität und der Stabilität zurück. Malea hat es super gemeistert. Unsere schüchterne kleine Malea, unsere Beobachterin, ist eigentlich ein ganz starkes kleines Mädchen. Wir sind so stolz, dass sie alles so gut geschafft hatte. Es gab Tage, an denen sie alles einholte und sie nicht von mir weggehen wollte. Dann musste ich sie in den Kindergarten begleiten, ihr die Sicherheit geben, die sie brauchte. Manchmal lief ich weinend zurück, weil ich mich fragte, wieso müssen wir dieses Schicksal haben, wieso muss Malea da durch. Was soll das?! Die Zeit ändert gar nichts, der Tod ändert alles! Es gab Menschen, die uns sagten, Alia hat euch als Familie ausgesucht. Sie wusste, ihr seid stark. Sie wusste, dass ihr dieses Schicksal meistern könnt. Ja, danke auch ... super. Ich wirke zwar oft sehr stark, aber in mir drin sieht es so oft ganz anders aus. Ja, ich bin stark für Malea, für meinen Mann, und mein Mann ist es für mich und Malea, aber hey, ich hätte es viel lieber anders gehabt. Ich möchte lieber schwach und zerbrechlich sein und mein Mädchen zurückhaben. Alles in allem muss ich aber sagen, Malea macht es so wunderbar. Sie ist ein so wunderbares Mädchen, und ich glaube auch, dieses Trauma hat sie noch stärker, selbstbewusster gemacht, auch wenn das jetzt noch nicht so scheint. Später, wenn sie Mama ist oder einfach eine erwachsene junge Frau, wird sie das stärker machen und ganz bestimmt bewusster in ihrem Leben.

Bei meinem Mann machte ich mir hinsichtlich seiner Psyche keine allzu grossen Sorgen. Klar, auch er hatte extreme Schwierigkeiten mit dem Verlust umzugehen, und auch er war auf eine Art und Weise traumatisiert von den Ereignissen, aber er ist ganz ein anderer Typ als ich. Er ging ganz anders damit um, machte viel mit sich selber aus. Für ihn war Ablenkung von höchster Priorität, er musste sich mit anderen Menschen umgeben, um aus der Gedankenspirale vielleicht auch entfliehen zu können. Wieder ein absoluter Gegensatz in der Trauerarbeit zwischen mir und meinem Mann, wie schon bei manch anderen Situationen zuvor, aber für uns beide absolut in Ordnung. Wir haben uns gegenseitig genau jenen Freiraum gelassen, den jeder von uns gerade benötigte. Auch wenn wir hier ab und zu sehr konträr eingestellt waren, so hatten wir doch immer das nötige Verständnis für das Denken und Handeln unseres Partners. Vielleicht war es genau diese Einstellung, die unsere Partnerschaft noch enger zusammenwachsen liess? Dass man sich gegenseitig genau jenen Raum lässt zum Trauern und Verarbeiten, den man ganz persönlich nun benötigt. Auch wenn es einem schwerfällt bei bestimmten Entscheidungen Verständnis aufzubringen, oder sich in die Gefühlswelt des Gegenübers hineinzuversetzen. Urs ging beispielsweise nach einer Weile wieder feiern und auf Feste. Ich hingegen konnte mir das überhaupt gar nicht vorstellen, auch nur eine Sekunde lang mich unter eine feiernde Menge zu mischen. Ich ging seit dem Tod meiner süssen Alia nicht mehr mit meinen Mädels in den Ausgang. Kein einziges Mal – bis heute. Mit Ausgehen meine ich, Feiern, Party machen, ausgelassen sein. Wobei heute noch erschwerend die Coronasituation hinzukommt und feiern sowieso nicht möglich wäre. Aber selbst ohne diesen äusseren Umstand wäre mir nicht danach zumute gewesen. Dabei gingen mein Mann und ich früher gerne weg und genossen unser Leben in vollen Zügen. Ob bei ausgelassenen Festlichkeiten, wie dem Oktoberfest oder bei alpinen Vergnügungen in Ischgl, wir konnten immer feiern und die Tage vollends auskosten. Mir schien das aber gerade fehl am Platz zu sein. Ich mochte nicht daran denken, nun auch nur annähernd gute Laune vorspielen zu müssen und das Leben zu feiern, wenn ich gerade das Leben absolut nicht mit diesen Augen sah. Eigentlich konnte ich nicht verstehen, wie man überhaupt noch etwas feiern kann, jetzt, wo man mir das Liebste auf der Welt genommen hatte. Das ist nicht fair. Man sollte das Leben dafür nicht feiern, das hat es sich schlichtweg nicht verdient! Ich konnte das Leben nicht mehr mit jeder Faser meines Körpers geniessen, wie sollte ich es dann feiern können?

Aber ich respektierte die Einstellung meines Mannes, das Leben musste ja irgendwie weitergehen, und wenn es für ihn erträglicher war, es mit Ablenkung zu versuchen, die Gefühle zu verdrängen, weil das für ihn gerade das Schlüssigste ist, so habe ich das auch immer respektiert. Ich sah ohnehin, wie er leidet! Ich konnte seinen Schmerz in seinen Augen sehen, fühlte, dass auch er jeden Tag mit diesem Verlust kämpfte und unsere süsse Bohne keine Sekunde lang vergessen würde. Sie ist auch immer in seinen Gedanken, er wird sie nie vergessen. Diese Gewissheit machte es mir einfacher, mit seiner Art der Trauerbewältigung umzugehen. Ich habe es mir von ganzem Herzen gewünscht, dass er wieder ins Leben zurückfindet und weitermachen kann. Es hat mir gutgetan mitanzusehen, dass mein Mann nicht komplett daran zerbrach und dem Leben durchaus noch etwas Schönes abgewinnen konnte. Er war ein regelrechtes Vorbild für mich. Das war wundervoll! Ich musste mich nicht darum kümmern, wie es ihm geht. Ich wusste und konnte darauf vertrauen, dass es ihm den Umständen entsprechend gut ging. Ein weiteres zerbrochenes Herz – wie meines und jenes von Malea es waren – zu reparieren, das hätte ich wahrlich nicht geschafft. Ich war bereits mit meinem so beschäftigt, hatte Mühe und Not, nicht unterzugehen und weiterzumachen. Urs gab mir in dieser Hinsicht sehr viel Kraft und Halt, auch wenn ich es vielleicht nicht immer zeigen konnte. Er gab mir eine Perspektive, zeigte mir, dass es womöglich doch wieder so sein könnte wie vorher. Auch die Therapie tat mir sichtlich gut. Wie gesagt, die Welt drehte sich weiter, das Leben ging für alle weiter. Nur für uns, für meinen Mann, für mich und für Malea ... für uns war alles anders. Wirklich alles. Es gibt einen Spruch, ich glaube ihn bereits erwähnt zu haben: Die Zeit ändert nichts, der Tod ändert alles. Absolut zutreffend, wie ich finde. Mein Mann kam trotz allem ab und an zur Therapie. Ich musste ihn zwar manchmal förmlich dazu zwingen, aber es war gut, dass er mitkam. So wussten wir immer, wo wir stehen, wie es dem anderen wirklich geht, und wir mussten uns keine Sorgen machen. Wir haben uns den Freiraum gelassen auf ganz verschiedene Art und Weise zu trauern, das Erlebte verschieden zu verarbeiten und sind uns stets mit Verständnis begegnet, was für mich rückblickend absolut das Richtige war. Es war wirklich wichtig, dass er mitkam zur Therapie, auch wenn dies nur wenig vorkam, aber es war wichtig, damit wir uns als Paar nicht verlieren. Und wie gesagt, zu akzeptieren, dass Menschen unterschiedlich trauern, dass es verschiedene Wege gibt, damit umzugehen, ist nicht immer so einfach. Ich bekomme die Momente seiner Traurigkeit mit, seinen Schmerz über den Verlust. Ich weiss, er vermisst sie so, wie ich dies tue, jede Sekunde, jeden Moment. Nur zeigt er dies auf seine eigene und für ihn richtige Art und Weise ...

Ich hingegen war sehr oft mit mir selbst beschäftigt, eigentlich ständig und andauernd. Aber nicht im positiven Sinne. Ich war nicht in der Lage, mir etwas Gutes zu gönnen, mich zu konzentrieren oder zur Arbeit zu gehen. Wie konnte ich denn auch nur? Nach alledem, was ich angerichtet hatte, welches Leid ich meinen liebsten Menschen in meinem Umfeld angetan hatte durch mein Versagen in jenem Moment, als ich als Mutter am meisten Verantwortung hätte tragen sollen ... Diese Gedanken kreisten wie Aasgeier über meinem Kopf und liessen keine anderen zu. Sie schwirrten herum, waren meine ständigen Begleiter und liessen mich alles andere vergessen. Ich konnte mich nicht konzentrieren. Den Fokus auf Alltägliches zu richten, fiel mir schwer. Ich war extrem unkonzentriert, konnte mich weder zeitlich noch räumlich orientieren. Es war, als nahm man mir sämtliche Sinne an jenem Abend des 11. Oktober und liess mich alleine ohne sie in einer weiten Steppe zurück. Bald schon konnte ich die Tage nicht mehr voneinander unterscheiden, hatte grosse Mühe und Not, den richtigen Wochentag zu erwischen. Sogar die letzten Wochen vom November und Dezember sind mir entfallen, einfach weg. Unwiderruflich aus dem Gedächtnis gelöscht, als ob sie einfach nie existiert hätten. Ich musste mir selbst Strategien zurechtlegen, damit ich den Alltag halbwegs meistern konnte. Ohne eine penible Struktur für meinen täglichen Tagesablauf und doppeltes Sicherheitsnetz war ich nicht mehr in der Lage, irgendwelche Entscheidungen zu treffen oder mir wichtige Termine zu merken. Sie verschwanden einfach von selbst als ob es sie nie gegeben hätte. Ich bekämpfte diesen Nebel im Kopf, der all meine Struktur aufbrach, mit dem Führen von zwei Agenden zuhause. Ich notierte mir alles doppelt und dreifach, um bloss nichts Wichtiges zu versäumen. Auch mein Handy wurde zu einer Art Tagebuch für mich, das mir den Weg wies durch die 24 Stunden. Nur so konnte ich halbwegs sicherstellen, dass ich meinen Verpflichtungen auch nachkam. Immer und immer wieder musste ich mein Mobiltelefon zücken, um zu sehen, was gerade auf dem Tagesplan stand, was ich nun zu erledigen hatte oder was als Nächstes an der Reihe war. Ein befremdliches Gefühl, wenn man sich selbst seine Zeit nicht mehr einteilen kann, weil man kein Gefühl mehr für diese Dimension hat. Angewiesen auf Terminplaner, Erinnerungsfunktionen und Notizen konnte ich meinen Alltag zumindest halbwegs bestreiten. Mehr schlecht, denn recht. Vielleicht war es mir auch einerlei? Ist es nicht völlig irrelevant, sich belanglose Termine zu notieren, wenn man gerade jegliches Lebensziel aus den Augen verloren hat? In Relation mit dem Verlust, den ich gerade erlitten hatte, schienen alle anderen Sorgen wie kleine Schneeflocken auf einem heissen Stein zu verpuffen und sich aufzulösen. Sie hinterlassen keinerlei Spuren, nichts zeugt mehr von ihrer Existenz. Allerdings waren die seelischen Spuren des Verlustes meiner süssen Maus allgegenwärtig. Nicht wegzubekommen, auszuradieren oder auch nur für eine Sekunde lang zu unterdrücken. Ich fragte mich im Stillen oft, wie lange würde dieser unsagbare Schmerz noch anhalten? Wann würde er abklingen, milder werden und nicht mehr meinen Alltag bestimmen. War dies überhaupt möglich? Könnte ich jemals wieder mein Leben so führen, wie vorher? Daran war nicht zu denken. Dies schien so fremd und weit weg zu sein, wie nur irgendetwas anderes auf diesem Planeten. Man nahm mir jegliche Grundlage hierzu. Ein einziger Tag, der alles, einfach alles in meinem Leben veränderte.

Hinzu kam, dass ich nicht nur das zeitliche Gefühl verlor, sondern auch meine räumliche Orientierung. Des Öfteren stand ich in einem Zimmer in meinem Haus, ohne zu wissen, warum ich eigentlich nun gerade hierhin gegangen bin. Ich war wie ferngesteuert von einer dominierenden Kraft, die mich lenkte. Motorisch konnte ich noch meiner Wege gehen, aber ich konnte sie weder zuordnen noch in einen Kontext stellen. Mir fehlte es an einem grundsätzlichen Warum für meine Handlungen. Ich erinnere mich an eine völlig befremdliche Situation, als ich einmal im Auto sass und auf der Autobahn entlangfuhr. Dabei war ich so in Gedanken verloren, nicht mehr bei meinen Sinnen, dass ich weder wusste, wie ich in das Auto gekommen war, noch wohin ich gerade fahren wollte. Die Ernüchterung, dass ich gerade unterwegs war, kam mir mitten in der Fahrt. Ich schaute mich in meinem Auto um und sprach in einem inneren Monolog mit mir selbst, wo ich denn gerade hinfahren würde. Was wollte ich hier? Warum bin ich auf der Autobahn und wohin wollte ich ursprünglich fahren? Mein Blick in den Rückspiegel fiel auf einen leeren Kindersitz. Malea war nicht bei mir. Folglich musste sie irgendwo sein, bei irgendjemandem, der auf sie aufpasst. War sie zuhause bei den Grosseltern? Oder hatte ich sie zuvor irgendwo hingebracht? Und warum konnte sie nicht mit mir mitfahren? Ich richtete meinen Blick wieder auf die Strasse, suchte vergebens nach einem Schild, das mir meine Fahrtrichtung anzeigen würde. Plötzlich entdeckte ich über mir eine grosse Richtungstafel. Ihre grossen, weissen Lettern verrieten es mir: St.Gallen, ich war unterwegs nach St.Gallen. Aber warum? Was wollte ich dort? Einkaufen vielleicht? Jemanden besuchen? Ich zerbrach mir eine ganze Weile den Kopf, während ich stur die Spur auf der Autobahn hielt. Was hat das zu bedeuten? Warum kenne ich mein Ziel nicht und den Grund meiner Fahrt? Da fiel es mir wie aus dem Nichts wieder ein. Ich fahre in die Therapiestunde.

Gerade noch rechtzeitig, um die richtige Ausfahrt zu nehmen, um nicht stundenlang im Kreis herumfahren zu müssen. Aber nicht immer konnte ich mir mein Ziel des Weges und meine Intention hinter meinem Handeln wieder ins Gedächtnis rufen. Die Konzentrationsschwierigkeiten waren in allen Bereichen meines Lebens gegenwärtig. Ich musste mein Umfeld darüber informieren. Meine Mitmenschen sollten wissen, dass ich sie nicht absichtlich vergesse oder Verabredungen nicht einhalte. Ich wollte nicht, dass sie meinten, ich würde sie nicht sehen wollen und daher meine Termine vergessen. Ich konnte sie mir einfach nicht merken. So sehr ich mich auch anstrengte, ich war hier blinder Passagier einer übergeordneten Kraft in meinem Kopf, der sich sämtlicher meiner Gedanken annahm und mir beraubte. Also bat ich schliesslich mein Umfeld, mir vorher eine Erinnerung zu senden, wenn wir verabredet waren. Am besten mit der genauen Uhrzeit und dem Treffpunkt.

Nur so konnte ich ihnen versichern, dass ich auch pünktlich oder überhaupt die Termine einhalten konnte. Zum Glück waren meine Mitmenschen sehr kulant und hatten Verständnis für meine Situation. Vor allen Dingen viele Mütter kannten diese Vergesslichkeit noch aus ihrer Stillzeit. Die Stilldemenz ist auch eine Erfahrung, die viele Frauen ungewollt durchleben und erstmal sehr befremdlich wirkt. Aber sie ist im Vergleich zu meiner Vergesslichkeit und Konzentrationsschwäche vernachlässigbar, ja beinahe lächerlich! Man konnte diese beiden Phänomene unmöglich miteinander vergleichen und dennoch tat ich dies ab und zu, um meinem Umfeld vielleicht auch nur annährend erklären zu können, was sich gerade in mir abspielte. Sie schrieben mir dann Textnachrichten als kleine Reminder vor ausgemachten Treffen, sodass ich diese wahrnehmen konnte.

Im Übrigen ist diese «Vergesslichkeit» noch nicht ganz abgeklungen. Sie wurde mit der Zeit besser, und der Nebel in meinem Kopf wurde dünner und lichtete sich aus. Aber selbst heute noch, wenn ich gerade wieder einmal sehr viel um die Ohren habe, im Stress bin oder es für mich einfach ein schlechter Tag ist – vielleicht, weil mich irgendein Umstand wieder an den tragischen Verlust meiner Tochter erinnert und mich zu jenen Tag zurückwirft, an dem alles geschah – passiert es mir, dass ich Dinge vergesse. Geburtstage sind hier absolute Paradebeispiele. Auch wenn es sich um den Ehrentag eines noch so geliebten Menschen handelt, den ich überhaupt nicht vergessen möchte, so komme ich ab und zu nicht daran vorbei. Das tut mir auch unendlich leid, ich möchte niemandem in meinem geliebten Umfeld das Gefühl geben, er oder sie wäre nicht wichtig für mich. Das ist mir auch eine Herzensangelegenheit, dies aufzuklären. Ich vergesse dies nicht, weil ich es vergessen möchte, sondern weil ich es mir einfach nicht merken kann!

Dank der Therapie wurde die Vergesslichkeit besser, und ich konnte mir eingestehen, dass es ein tragischer Unfall war, und die Schuldgefühle sind weniger geworden. Die Trauer um den Verlust unserer Tochter ist hingegen nach wie vor aufrecht. Alia wird uns immer fehlen, und dieses Gefühl wird uns ein Leben lang begleiten, aber es wurde durch die Therapie leichter für mich. Das gab mir insgeheim ungeheure Zuversicht, wenngleich ich dies damals nicht so sah und mir nur schwer vorstellen konnte, dass es irgendwie wieder so weitergehen würde, wie gewohnt. Vielleicht nicht, wie es einmal war, denn dafür ist zu viel geschehen, aber, dass irgendwann wieder einmal richtige Glücksmomente einkehren würden in mein Leben! Unser Mobile wird langsam wieder stabiler. Es ist immer noch sehr angeschlagen, und der verlorene Teil wird nie wieder da sein, aber es wird besser. Eine solche Wunde heilt nie, aber ich kann sagen, es wird irgendwie erträglicher, manchmal mehr und manchmal weniger. Es kommen irgendwann wieder Momente, in denen man lachen kann, in denen man für einen kurzen Moment unbeschwert sein kann, auch wenn es nicht mit jeder Faser des Körpers ist wie zuvor.

Und manchmal holt uns doch alles wieder ein …

Mich sehr oft, wenn Malea äussert, dass ich als Mama besser hätte aufpassen sollen. Ihre Worte holen mich oft aus meiner Zuversicht wieder heraus und auf den Boden der Tatsachen zurück. Sie hat mir oft und immer wieder die Schuld am Tod ihrer Schwester gegeben. Klar, ich war vor Ort, ich habe sie reanimiert, Malea hat das gesehen, und in ihrem kindlichen Denken habe ich nicht genug gemacht. Das ist hart. Absolut niederschmetternd, wenn einem das eigene Kind die Schuld gibt. Den Schmerz, den sie ertragen muss, hat sie nach ihrem Denken nur wegen mir. Ich erklärte ihr immer wieder, dass es ein Unfall war. Auch wenn ich es ihr glaubhaft machen konnte, so stand ich nicht immer hundert Prozent hinter meinen Worten. Mit einem selbst geht man immer schärfer ins Gericht als mit anderen. Therapie hin oder her, das mulmige Gefühl, meine Aufsichtspflicht vernachlässigt oder nicht gründlich genug wahrgenommen zu haben, schlummert immer noch irgendwo tief in mir. Vor allem, wenn mich zum Beispiel gleichaltrige Kinder darauf hingewiesen haben und ich die Worte ihrer Mütter wiedererkennen konnte.

Oder wenn irgendwelche Leute mir sogar sagten, dass mir so was nicht noch einmal passieren würde, welche Botschaft auch immer dieser Aussage zugrunde liegen möge … Dann gerät mein Inneres ins Schwanken, und ich bin mir dann auf einmal nicht mehr so sicher,ob es nicht doch meine Schuld war.

Mittlerweile kann ich aber damit umgehen und habe gelernt, damit zu leben. Ich habe gelernt damit umzugehen, dass mich andere verurteilen, dass andere beurteilen, was passiert ist, obwohl sie keine Ahnung haben, was wirklich passiert war. Die Gesellschaft ist in einem solchen Fall knallhart. So sehe ich das zumindest. Ich fühlte mich oft wie auf einer Anklagebank, und noch heute, wenn ich die Geschichte erzähle, weiss ich nie so richtig, wie ich es erklären soll, damit sich mein Gegenüber kein falsches Urteil bildet. Schwierig. Manchmal erzähle ich die kurze Version und manchmal hole ich weiter aus. Dies kommt immer auf meine Tagesverfassung an.

Ich habe aber gelernt, dass es wichtig ist, was ich denke, dass es wichtig ist, was mein Mann denkt, mein Umfeld, meine Liebsten und nicht das, was andere Menschen denken, die mich kaum kennen. Es ist nicht immer einfach, und an manchen Tagen fällt es mir schwer. Ja, ich akzeptiere es als einen Unfall, der unglücklicher und tragischer nicht sein hätte können. Aber eben als einen Unfall, an dem niemand Schuld hatte. Auch ich nicht.

Selbst heute noch bekomme ich Zuschriften von Eltern, die Ähnliches erlitten haben und dann den abschliessenden Satz lese, dass sie eigentlich noch dankbar sein müssten, denn uns hätte es schlimmer getroffen, da unsere Tochter tot ist. Ich nehme ihnen diese Aussage nicht übel, auch wenn sie eigentlich einen fahlen Beigeschmack hat. Vielmehr finde ich es schön, wenn Menschen die Relationen wahrnehmen können, sich in Dankbarkeit wiegen können, über das gemeinsame Leben, das ihnen noch miteinander geschenkt wurde.

Die Veränderung des eigenen Ichs

Ein solches Ereignis, ein solcher Verlust, dieses Trauma, verändert einfach alles. Es verändert einen als Menschen. Es verändert, wie man die Dinge sieht, was man über Alltägliches denkt. Es verändert, wie man durchs Leben geht.

Ich hätte es mir natürlich anders gewünscht, aber ich kann es nicht mehr rückgängig machen und versuche nun daran zu wachsen. Es verändert das Umfeld. Ja, und zwar sehr deutlich. Menschen begegnen einem ganz anders als zuvor. Viele sind unsicher, wissen nicht, was sie sagen sollen und sagen dann lieber nichts. Andere sprechen einen darauf an, fragen direkt nach und sind dann manchmal erstaunt – oder auch nicht – über die direkte Antwort von mir. Manchen schiessen die Tränen sofort in die Augen, wenn wir unsere Geschichte erzählen, manche verstummen. Anfangs hatte ich ein schlechtes Gewissen, wenn ich meine Mitmenschen zum Weinen brachte, aber heute nicht mehr. Wenn mich jemand fragt, spreche ich offen darüber, und manchmal warne ich meine Gegenüber und frage zuerst, ob sie die Geschichte wirklich hören möchten. Aber ich erzähle gerne davon, ich erzähle so gerne von Alia, wie sie war und was sie erlebt hat. Es lässt sie lebendig bleiben. Jeder, der mich nach meiner Tochter fragt oder es zulässt, dass ich von ihr erzählen kann, macht mir indirekt ein riesiges Geschenk. Denn jede Erzählung macht sie lebendig. Es gab sogar Menschen, die uns zuvor gegrüsst hatten, wenn wir sie sahen und die nun die Strassenseite wechseln, wenn wir auf sie treffen. Wahrscheinlich aus der totalen Unsicherheit heraus, wie sie uns begegnen sollen. Für uns natürlich total befremdlich, und es gibt einem das Gefühl, nicht mehr in die Norm zu passen, es fühlt sich beinahe an wie eine Art Ausgrenzung. Ich kann mich sehr gut an Situationen erinnern, in denen ich mich fragte, wieso gehe ich überhaupt unter Leute, wieso tue ich mir das an. Das waren zum Beispiel Momente, wenn wir auf ein Dorffest gingen oder Malea einen Schulanlass hatte. Wie schon erwähnt, wohnten wir in einem Dorf in welchem jeder jeden kannte. Jeder kannte unsere Geschichte. Es waren Momente, in denen man sich total beobachtet fühlte, in allem was man tut. Man hat das Gefühl, alle reden über einen, tuscheln hinter unserem Rücken über uns, und man fragt sich die ganze Zeit, was sie wohl sagen. Man wird gemustert von allen Seiten. Es wird bewertet, wie es uns geht, bewertet, wie wir uns verhalten, wie wir aussehen. Wieso weinen sie nicht? Sind sie überhaupt noch traurig? Sie sieht noch nicht gut aus, die Arme! Wie können sie weiterleben, weitermachen? Oder ist es vielleicht doch das Gegenteil, dass die Leute es gut finden, dass man raus geht und weitermacht? Ich weiss es nicht, liebe Lesende, aber es fühlt sich nicht schön an, das weiss ich. Es macht es einem noch schwerer, wieder ein einigermassen normales Leben zu führen. Es macht es einem extrem schwer, wieder unter Menschen zu gehen, man überlegt sich zuhause zu bleiben, sich diesen Blicken lieber nicht auszusetzen. Ich meine, es gibt doch in der Art zu trauern, in der Art mit einem solchen Verlust umzugehen, keinen allgemeingültigen Ratgeber, es gibt doch kein Richtig und kein Falsch. Oder doch? Ich denke die Gesellschaft hat da ihre klaren Vorstellungen. Ich aber sage: Nein, jeder geht anders damit um. Und ganz ehrlich, man sieht von aussen nie, wie es einem Menschen wirklich geht.

Es ist erstaunlich, welche Erkenntnisse über das eigene «Ich» ein solcher Schicksalsschlag mit sich bringt. Ich meine nicht den Umstand, dass er ein Familienmitglied aus dem Leben reisst, ein unsagbar grosses Loch hinterlässt und eine noch tiefere innere Leere im Herzen. Alleine dieser Umstand ist eigentlich schon an Veränderung kaum mehr zu übertreffen. Nichts ist mehr so wie früher, wie es einmal war, wie man es kannte. Alles ändert sich schlagartig von einem auf den anderen Tag, ohne dass man etwas dagegen ausrichten kann. Man kann plötzlich seinem Alltag nicht mehr nachgehen, alles um einen herum scheint so sinnlos und banal zu sein. Damit meine ich Dinge und Sachen, mit denen man sich früher oft stundenlang beschäftigen konnte oder über das man sich beinahe den Kopf zerbrochen hatte. Der Alltag, das Familienleben, aber auch das zwischenmenschliche Verhältnis mit seinem Partner werden vor diesen Veränderungen nicht verschont. Man verändert sich zuhends auch menschlich, bekommt andere Wesenszüge, die man vorher vielleicht gar nicht kannte oder die zuvor nur schwach ausgeprägt waren. Auch ich bemerke, wie ich mich verändert habe, wie meine Persönlichkeit daran gewachsen ist und neue Charakterzüge angenommen hat. Man kann sich gar nicht vorstellen, welche Eigenschaften in einem schlummern, oder durch einen Schicksalsschlag vielleicht neu entfacht werden. Eigenschaften, von denen man nie damit gerechnet hätte, dass man sie entwickelt, oder sein Partner diese annehmen könnte. Es ist, als würde man sich neu entdecken, als müsste man sich selbst zuerst neu kennenlernen und sich mit den ungewohnten Charakterzügen anfreunden. Unglaublich spannend und aufregend, wie man sich selbst wiederfindet und wieder «er-findet». Auch mir geht es heute noch so, dass ich mich erst einmal wieder mit mir vertraut machen muss und mit meinem neuen ICH. Ich bemerke diese Veränderungen sehr gut an mir und kann förmlich dabei zusehen, was dieses Erlebnis mit mir und aus mir macht oder bereits gemacht hat. Es scheint ein kontinuierlicher Prozess aus Veränderungen zu sein, bei dem manche Eigenschaften sich schneller einstellen und manche hingegen sich langsam vollziehen, sodass es eine Zeit lang benötigt, um in einer Selbstreflexion dahinterzukommen, in welche Richtung es nun gerade geht. Ich kann heute von mir sagen, dass ich nicht mehr dieselbe Person bin, wie zuvor. Mein Denken hat sich komplett gewandelt.

Ich bin heute stärker als je zuvor in meinen Gedanken. Oft habe ich das Gefühl, egal was noch kommen mag auf unserem Lebensweg, nichts kann mich mehr erschüttern. Mir kann nichts mehr passieren. Ich bin beinahe unbesiegbar in meinen Gedanken, nichts und niemand kann mir etwas anhaben. Ich habe es geschafft, einen so einschneidenden Schicksalsschlag hinzunehmen und zu verarbeiten. Obschon natürlich immer noch die Trauer und der Kummer gross sind, aber ich bin daran nicht zerbrochen. Unsere Familie ist daran nicht zerbrochen, wir haben es gemeinsam geschafft, einen Weg für uns zu finden, damit wir damit umgehen und das Geschehene für uns akzeptieren können. Dieser Gedanke lässt ungeahnte Kräfte und Möglichkeiten aufkommen. Viele zerbrechen an diesem Umstand, die Partnerschaft geht daran zugrunde oder man selbst kann mit dieser Situation nicht umgehen. Bei mir und meiner Familie hat es aber irgendwie genau das Gegenteil bewirkt. Wir wissen, wir können zusammen alles schaffen, nichts kann uns mehr etwas anhaben. Und tatsächlich ist es heute so, dass ich nicht einmal mehr Angst vor dem Tod habe. Ich bin ihm bereits gegenübergestanden, von Angesicht zu Angesicht und habe meinen schlimmsten Kampf gegen ihn damals verloren. Noch einmal wird er mich und unsere Familie nicht mehr in die Knie zwingen!

Ich gehe proaktiver auf Situationen zu, in denen ich zuvor vielleicht eher mit Zurückhaltung reagiert hätte. Auch das beobachte ich ganz oft an mir. Wenn mir früher etwas komisch vorkam oder ich mit der Situation oder den Menschen nicht so vertraut war, so machte ich eher einen Schritt zurück. Heute aber gehe ich aktiv darauf zu. Es ist, als ob ich neue Kräfte und neuen Mut gesammelt hätte. Das macht mich und uns auch einzigartig. Unser Schicksal, das, was wir erlebt haben und durchmachen mussten und unsere Entwicklung daraus. Wir haben sehr viel mitgenommen aus diesen Erfahrungen und lernen täglich daraus. Ich hatte davor schon das Gefühl, dass ich mein Leben schätze, und das was ich aber jetzt habe, fühlt sich jetzt anders an, dieses Gefühl der Dankbarkeit. Es fühlt sich echt an. Es fühlt sich greifbar an.

Ab und zu, wenn ich in einem Raum mit anderen Menschen stehe, dann habe ich die Gedanken und überlege, welche Schicksalsschläge sie wohl bereits hinter sich haben. Ich erwische mich dabei, wie ich mir die Frage stelle, wer von ihnen bereits schon einmal einen Menschen reanimieren musste, seinem Kind beim Sterben zugesehen hatte oder einen geliebten Menschen verloren hat.

Ich glaube, das können nur wenige von sich behaupten, mit ähnlichen Problemen konfrontiert worden zu sein. Das macht mich und unsere Familie auch irgendwie einzigartig, das zeichnet uns aus. Im positiven sowie natürlich auch im negativen Sinne.

Ich versuche auch, vielmehr zu hinterfragen. Wenn mir früher jemand komisch vorkam oder ich sein Verhalten nicht nachvollziehen konnte, so habe ich mir oft gedacht, warum er oder sie sich nicht normal benehmen kann. Warum reagieren sie so und weshalb können sie nicht normal damit umgehen? Heute überlege ich mir aber eher, was es für einen Auslöser gehabt haben muss, damit dieses Verhalten hervorgerufen wird. Welchen Anlass muss es wohl gegeben haben, welcher Schicksalsschlag wurde ihnen wohl zuteil? Man sieht niemandem seine Geschichte an. Keiner trägt seine Lebensgeschichte offen mit sich herum, sondern hat sie auf dem Rücken in ein Rucksäckchen gepackt. Nur hin und wieder bekommen wir die Gelegenheit, tatsächlich zu erfahren, welche Vergangenheit unsere Mitmenschen auf ihren Schultern tragen. Wenn mich jemand auf meinen Rucksack anspricht, so nehme ich diesen gerne ab und öffne ihn für meine Mitmenschen. Ich erkläre ihnen den Inhalt, packe den Proviant aus und ermögliche ihnen, dass sie ihn mit mir ein kleines Stückchen teilen, mich auf meinem Weg kurz begleiten können, um zu sehen, welche Steine ich dabei aus dem Lebensweg räumen musste…

Es gibt viele Ratgeber, die helfen sollen, mit einem Verlust eines geliebten Menschen umzugehen. Dort habe ich zum ersten Mal gelesen, dass man nicht mehr dieselbe Person ist wie zuvor. Nun weiss ich, was damit gemeint ist, wie es zu verstehen ist.

Ich nehme aber mein neues ICH mit Spannung und Neugierde an und hoffe, dass auch meine Freunde, meine Familie und allen voran meine über alles geliebten Kinder sowie mein Mann Urs mich neu kennenlernen möchten!

Ein neues Leben
Kiana unser Sonnenschein

Die Entscheidung, ein neues Familienmitglied in unsere Mitte zu lassen, war eine äusserst schwierige. Ich und mein Mann Urs, wir waren uns eigentlich einig, dass wir für Malea noch ein Geschwisterchen wollten, und dennoch fiel die bewusste Entscheidung für eine erneute Schwangerschaft und für ein drittes Kind enorm schwer. Ich wollte Malea unbedingt diesen Wunsch erfüllen, wieder eine Spielkameradin zu haben. Ein kleines Schwesterchen, mit dem sie wieder spielen und lachen kann. Es war ein Herzenswunsch von mir, ihr das wieder zu ermöglichen, und dann war ich irgendwie doch im Zwiespalt, ob dies denn eine gute und vor allem richtige Entscheidung wäre. Mein Mann hatte lange Zeit gemeint, es sei völlig in Ordnung, wie es nun ist. Wir sind eine perfekte, kleine Familie zu dritt. Er war froh, dass wir so einen starken Zusammenhalt hatten und empfand dies auch als unglaublichen Glücksmoment. Aber irgendwann hat auch er gespürt, dass irgendetwas fehlt, das unsere Familie vielleicht doch mit einem weiteren Kind wieder vollständig wäre und dass es uns und vor allem Malea guttun würde.

In der Therapiestunde sagte ich oft zu meiner Therapeutin, dass ich grosse Sorge hätte, wieder mit jeder Faser meines Körpers JA zu sagen zu einem neuen Kind. Denn der Gedanke «sagst du JA zum Leben, sagst du JA zum Tod» war in mir präsenter als je zuvor. Ich war mir bewusst, dass, wenn ich mich für ein drittes Kind entscheide, es auch wieder geschehen könnte, dass ich es bis zum Tode begleiten muss. Wie bereits bei Alia. Urs hingegen hatte diese Angst kaum, er war fest der Überzeugung, dass das, was uns geschehen war, so selten ist, dass es sich nicht noch einmal wiederholen wird. Während er also diese Situation als nicht mehr wiederkehrend einstufte, konnte ich mich nicht von der festgefahrenen Idee trennen, dass es wieder passieren könnte. Zudem hatte ich auch unendliche Angst, dass dieses neue Geschöpf dann den Platz von Alia einnehmen würde. Das wird nicht der Fall sein und ist auch absolut unmöglich, aber diese Angst hielt sich hartnäckig in meinen Gedanken fest. Ich konnte nichts dagegen tun. Ich wollte keinen Ersatz für Alia! Niemals. Nach einer gewissen Zeit merkten wir, dass wir Malea diesen Wunsch nach einem Geschwisterkind erfüllen möchten.

Wir haben uns bewusst dazu entschlossen. Es klappte relativ schnell, und wir konnten Malea diese frohe Botschaft überbringen. Sie freute sich sehr, wie wir auch, und doch war da ein ganz komisches Gefühl in mir. Als meine Frauenärztin es mir mitteilte, schossen aus mir die Tränen hervor, die ich nicht zurückhalten konnte. Dieser Zwiespalt in mir war unerträglich und kann auch kaum beschrieben werden. Einerseits hatte ich mich unendlich auf mein Kind gefreut! Andrerseits hingegen entwickelte ich eine ablehnende Haltung ihm gegenüber. Ich hatte immer das Gefühl, das «Ding in meinem Bauch» würde in direkter Konkurrenz zu meiner süssen Alia stehen und ihr den Platz in meinem Herzen streitig machen. Ich konnte auch lange Zeit nicht von meinem Kind sprechen, wenn ich auf meinen Bauch herabsah, sondern sprach von ihm als ein Geschöpf oder Wesen, aber niemals von meinem Kind. Ich hatte bereits zwei Töchter, auch wenn nur mehr eine davon physisch unter uns sein darf. So entwickelte ich eine Art Verteidigungshaltung, ich musste Alia schützen, sie beschützen vor einem neuen Wesen, das in ihr Reich eindringen könnte. Ich konnte nicht zulassen, dass meine süsse Alia ihren Platz in unserer Familie verlor oder ausgetauscht werden würde von einem Tag auf den anderen.

Ich blieb in Therapie, da ich wusste, mit diesen Gefühlen gegenüber meinem dritten Kind des Öfteren im Laufe der Schwangerschaft konfrontiert zu werden. Und eigentlich wollte ich diese Gefühle nicht, ich wollte mein Kind annehmen und lieben, so wie ich es auch bei meinen ersten beiden Mädchen getan hatte. Das neue Geschöpf hatte es genauso verdient, wie seine beiden Schwestern. Meine Therapeutin half mir unglaublich dabei, alles aufzuarbeiten, die Ängste und die Sorgen zu ergründen. Ich tat sehr gut daran, weiterhin in Therapie zu bleiben, und mit jedem professionellen Gespräch wurde es langsam besser, und ich konnte mein Kind annehmen, ihm die uneingeschränkte und bedingungslose Liebe entgegenbringen, die es nur verdient hatte. Ich war sehr froh und erleichtert darüber, dass ich diese Erfolge erzielen konnte. Ansonsten hätte ich mir wahrscheinlich keinen Rat gewusst, wenn ich mein drittes Kind nicht hätte annehmen können. Was wäre dann geschehen? Wie hätte Malea reagiert, wenn Mami ihren Bruder oder ihre Schwester nicht lieb gehabt hätte? Was wäre ich hier für ein Vorbild für meine süsse Maus gewesen? Das konnte und wollte ich auch nicht riskieren. Ich bekam übrigens wieder eine kleine Tochter. Insgeheim wünschten wir uns einen Jungen, da wir die Sorgen in uns trugen, dass bei einem Mädchen der direkte Vergleich zu Alia noch grösser werden könnte. Wem würde sie ähneln? Könnte man in ihr Alia wiedererkennen? Hat sie vielleicht sogar ein Stück weit das Temperament von Alia, ihre Augen und ihr süsses Lächeln? All diese Fragen wären früher oder später aufgetaucht bei einem Mädchen, da waren wir uns sicher. Davor hatten wir am meisten Angst, daher wollten wir zumindest diese Sorge mit einem Jungen auf natürliche Weise umgehen. Hier wäre der Vergleich vielleicht nicht ganz so ersichtlich gewesen. An dem Tag, an dem wir dann erfuhren, was für ein Geschlecht unser drittes Kind haben wird, gingen wir danach als Familie alle Mittagessen. Malea konnte sich ihre Tränen am Tisch nicht verkneifen, sie hätte sich auch ein Brüderchen gewünscht. Selbst mein Mann Urs hatte anfänglich Angst vor der neuen Situation und wie wir damit als Familie umgehen werden, wenn sie erst einmal da ist. Ich hingegen wollte insgeheim dann doch ein Schwesterchen für Malea. Ich dachte, zwischen zwei Mädchen sei die Bindung grösser. Nicht nur im Kindesalter, auch später, wenn sie beide dann einmal ihre eigene Familie haben, eigene Kinder bekommen würden, so haben wahrscheinlich zwei Mädchen den stärkeren, geschwisterlichen Zusammenhalt als ein Mädchen und ein Junge. Noch dazu, weil der Altersunterschied nun doch schon erheblich war zwischen meinen Kindern, Malea und Alia lagen altersmässig enger beieinander. Malea gewöhnte sich aber sehr schnell an den Gedanken, eine Schwester zu bekommen und freute sich wahnsinnig auf sie! Wir suchten alle gemeinsam einen Namen und wurden ziemlich schnell fündig! Unsere süsse kleine Maus soll Kiana heissen. Im Hawaiianischen bedeutet er «himmlisch» – wunderbar, oder?

Als ich erfahren hatte, dass es ein Mädchen wird, hatte ich aber auch sofort das Gefühl, ich müsse mich in der Gesellschaft und in meiner Umgebung dafür rechtfertigen. Ich fühlte mich auf eine äusserst beschämende Art und Weise schuldig, sodass ich den Menschen in meinem Umfeld mitteile, dass es niemals einen Ersatz für meine Alia geben wird. Auch ein weiteres Kind ändert nichts an dem tiefen Schmerz über den Verlust. Alia wird immer in meinem Herzen sein. Nichts und niemand wird sie aus meiner Erinnerung löschen können, sie wird mich immer begleiten. Ihr Lächeln.

Ihre kecke Art. All das werde ich immer vor Augen haben. Sie wird immer ein Teil von mir bleiben, der unwiderruflich verloren ist.

Das Gefühl, sich in der Gesellschaft rechtfertigen zu müssen, wenn das Leben weitergeht – denn es muss ja schliesslich weitergehen – ist ein sehr befremdliches. Ich glaubte, alle Augen wären ständig auf uns gerichtet, und man würde uns beobachten, was wir tun, warum wir lachen, ob wir glücklich sind. Vor allem würde man meine dritte Schwangerschaft mit Skepsis betrachten und sich die Frage stellen, warum ich wieder ein Kind bekommen könnte. Mein Mann wollte mir dieses Gefühl ausreden, er meinte, ich würde mir das alles nur einbilden. Niemand würde sich eine solche Meinung über mich, über uns und meine erneute Schwangerschaft bilden. Vielleicht sehen das Männer auch rationaler und haben nicht dieses feine Gespür, wenn es um die Blicke der anderen geht. Ich konnte mich jedenfalls nicht von diesem Gedanken lösen und sprach darüber auch mit Freundinnen. Tatsächlich bekam ich die Rückmeldung von ihnen, dass ich mit meiner Vermutung schon richtig läge. Sie würden das auch mitbekommen, wie manche Leute mich, beziehungsweise uns beobachten und sich so ihren Reim auf unsere Situation machen würden. Warum urteilen Menschen immer über andere?

So war ich stets begleitet von den Blicken und der vorgehaltenen Hand von anderen, zuvor, während meiner Schwangerschaft und selbst bei der Geburt. Im Krankenhaus wurde mir eine besondere Behandlung zuteil, ich wurde nicht wie alle anderen Frauen, die gerade ihr Kind zur Welt bringen oder brachten, behandelt, sondern irgendwie schien man mit mir behutsamer umzugehen. Man hatte vielleicht sogar ein Lächeln mehr auf den Lippen, wenn man sich mir zugewandt hatte. Ich fand es anfänglich sehr spannend und war verwundert, ob ich mir das irgendwie nur einbilden würde. Vielleicht aber hatte auch meine Frauenärztin in den mitgesandten Unterlagen etwas erwähnt? Das war schon gut möglich, dass sie das Krankenhauspersonal indirekt informierte, um diese eventuell auf eine Situation vorzubereiten, die nicht wie gewohnt ablaufen könnte. Wenn ich vielleicht dann doch nicht in der Lage wäre, Kiana anzunehmen, so würde ihnen diese Info hilfreich sein, damit sie wissen, warum ich das gerade so empfinden würde. Ein wenig blieb ich noch im Ungewissen, aber schon bald sprachen mich zwei Krankenschwestern direkt darauf an, und so hatte ich meine ohnehin schon vermutete Erklärung.

Sie redeten mit mir darüber, wie es mir denn nun ginge und wollten meine persönlichen Schilderungen hören. Ich bemerkte eine gewisse Art von Neugierde hinter ihren Fragen, die ich aber absolut als weder unangenehm noch als aufdringlich empfand. Ganz im Gegenteil. Es tat mir gut, darüber zu sprechen und ihnen meinen Kummer mitzuteilen. Auch, dass ich während meiner gesamten Schwangerschaft mit mir im Zwiespalt war, wie die Zeit mit dem dritten Kind anfänglich sein wird, wie ich reagieren könnte und was meine Mitmenschen von mir wohl denken würden, wenn sie mich mit einem Neugeborenen im Arm sehen würden. Für mich war es eine Befreiung, mich den Krankenschwestern mitzuteilen, und für sie selbst war es auch eine Erfahrung. Sie waren nicht oft mit solchen Fällen konfrontiert. Zwar sind ihnen persönliche Schicksalsschläge nicht fremd, aber meist bei kleineren Kindern, die während oder kurz nach der Geburt sterben. Dass sie jemand vor sich hatten, die ein Kind und auf so tragische Art und Weise verloren hatte, war auch für sie neu, und so konnten wir uns über unsere Erfahrungen austauschen.

Sie erzählten mir von den Totgeburten, die sie in ihrem Berufsalltag miterleben würden und wie es den Frauen damit erginge. Auch ich konnte ihnen meinen Umgang mit dem Tod meiner Tochter schildern und sprach offen und ehrlich über meine Gefühlswelt, die Therapie, die ich begonnen hatte, die Schuldgefühle und den Unfallhergang. Die Zeit im Krankenhause ist mir als sehr schöne Zeit in Erinnerung geblieben. Sogar meine spätere Zimmernachbarin hatte mich darauf angesprochen, warum das Krankenhauspersonal denn durchwegs so nett zu mir gewesen sei …

Ein unverhoffter Umstand, der mir die Zeit mit Kiana im Spital erheblich erleichterte. Schliesslich war ich nicht wie alle anderen Frauen vor der Geburt extrem aufgeregt, dass man sein Kind zum ersten Mal im Arm hält. Normalerweise fiebert man diesem Augenblick entgegen, möchte, dass alles schnell vorbeigeht und man schon bald das Kind hat. Ich hatte zwar auch eine innerliche Aufregung in mir, die aber eine andere Ursache hatte. Im Gegensatz zur Geburt meiner beiden ersten Kinder, wollte ich nun nicht, dass alles schnell ginge. Ich war eher darauf fokussiert, dass es noch etwas dauern dürfe, ich hatte es eigentlich gar nicht einmal so eilig. Der Grund dafür war sicherlich, dass ich mich davor fürchtete, wie dieser erste Moment sein wird, wenn ich Kiana dann tatsächlich vor mir habe und in ihre kleinen Äuglein blicken werde.

Werde ich darin etwa Alia wiederfinden? Als meine dritte Tochter dann auf der Welt war, war ich einerseits unglaublich erleichtert, dass alles gut gegangen war – doch noch mehr Ballast fiel von mir ab, als ich sie zum ersten Mal sah und sich meine Ängste, die ich während der 38 Wochen zuvor hatte, als unbegründet herausstellten. Es war einfach ein wundervolles Gefühl, sein Kind zu sehen. Malea reagierte zunächst mit etwas Zurückhaltung auf ihre Schwester. Sie ist generell ein ruhiger und eher in sich gekehrter Charakter, der immer etwas Zeit benötigt, um sich an neue Situationen oder Menschen zu gewöhnen. Daher brauchte sie anfänglich einen kleinen Moment, bis sie sich mit ihrer Schwester anfreunden konnte. Sie war nicht schockiert, aber sie stand etwas teilnahmslos neben uns, als ob das nun alles nicht wahr sein würde.

Wir hatten Verständnis für ihre Reaktion, wussten wir ja, wie unsere kleine Maus in unbekannten und neuen Situationen reagieren würde. Malea hatte dann Kiana im Arm, und man konnte in ihrem Gesicht erkennen, dass sie langsam aber bestimmt Freude darüber entwickelte, dass sie nun wieder zu zweit waren. Es war ein unbeschreibliches Gefühl, das man als Elternteil hat, wenn man sieht, dass die grosse Tochter das kleine Geschwisterchen mit einem Lächeln im Gesicht im Leben begrüsst. Ein Moment, der unvergessen bleibt, wie so viele schöne Erinnerungen.

All unsere Befürchtungen, dass Kiana vielleicht nur ein Ersatz für Alia sein könnte, wurde im Nu in Luft aufgelöst. Viele Mütter, mit denen ich im Vorfeld darüber sprach und ihnen meine Ängste mitteilte, weil ich wieder ein Mädchen bekommen werde, meinten zu mir, es wäre ein Befreiungsschlag für mich und unsere Familie. Ich wusste damals nicht, wie sie das meinten oder was sie mir damit mit auf den Weg geben wollten. Nachdem ich mich aber oft mit Müttern unterhalten hatte, die ein ähnliches Schicksal teilten, konnten sie meine Situation sehr gut einschätzen und sollten am Ende tatsächlich auch recht behalten.

Mir ist übrigens aufgefallen, dass es meist so ist, dass man ein Kind mit dem selben Geschlecht bekommt, wie das Kind, das man verloren hat. Ich unterhielt mich mit verschiedenen Frauen, die ihre Kinder verloren hatten und daraufhin wieder das selbe Geschlecht zur Welt brachten. Ist das vielleicht Zufall oder ist hier wirklich die Mutter Natur ein bisschen schlauer als wir und weiss genau, was wir Trauernden benötigen, um es etwas erträglicher zu machen. Wie oder wer auch immer hier mitwirkt, alleine die

Tatsache, dass dies meist der Fall ist, ist ein sehr spannender Umstand, wie ich finde. Der Austausch mit den Müttern brachte mir somit nicht nur neue Erkenntnisse, sondern es tat mir auch gut, mich mit Menschen zu unterhalten, die Ähnliches empfinden, wie ich es fühle. Sie sagten mir, wenn mein Kind zur Welt kommen würde, meine dritte Tochter, so wäre das in einer Art und Weise heilsam, wie ich es mir nun noch nicht vorstellen könne. Nun aber weiss ich, was sie damit meinten. Es ist wahnsinnig schön, wieder ein Kind auf die Welt bringen zu können. Man wird wieder ein Stückchen mit Freude und Liebe erfüllt. Gefühle, die einem das gebrochene Herz wieder ein bisschen zusammenflicken. Natürlich ist der Verlust von Alia dadurch weder vergessen noch zur Gänze verarbeitet. Der Schmerz wird immer bleiben, und sie wird uns stets fehlen in unserer Familie. Aber wir haben nun endlich wieder das Gefühl, eine Familie zu sein. Halbwegs komplett zu sein. Man kann dies schwer in Worte fassen und wahrscheinlich noch weniger nachvollziehen, wenn man nicht gerade selbst betroffen ist. Ich bin mir sicher, wer diese Zeilen liest und Ähnliches durchlebt hat, wird mir hier nun mit einem Lächeln auf den Lippen beipflichten …

Es war beinahe so, als ob Alia sie für uns ausgesucht hätte. Ich dachte oft daran, dass es vielleicht ihr Mitwirken war, uns wieder eine heile Familie zu schenken. Bestimmt hat sie im Himmel mitbekommen, wie sehr wir sie vermissen und dass seit diesem Tag, an dem sie uns verlassen hat, nichts mehr so ist, wie es einmal war. Ich war mir fast sicher, dass sie uns nun wieder glücklich sehen wollte und uns daher die wundervolle Maus geschickt hat. Ich entdecke auch heute Ähnlichkeiten zwischen den beiden Mädchen. Wenn ich Kiana ansehe, so sehe ich den lebendigen und aufgeweckten Charakter von Alia in ihr. Auch in ihrem Aussehen ähnelt Kiana ihrer grossen Schwester sehr. Es klingt vielleicht etwas seltsam, aber ich finde es unglaublich schön, zu sehen, dass Kiana Alia so ähnelt. So kann ich insgeheim auch Alia aufwachsen sehen und bekomme einen Eindruck, wie sie denn ausgesehen hätte, wenn sie älter geworden wäre, was sie für neue Charakterzüge hinzubekommen hätte und wie sich ihr Temperament verändert hätte. In fünf Jahren, wenn Kiana grösser sein wird, werde ich sicherlich häufiger diese Parallele zwischen den beiden Mädchen ziehen, und es ist ein schönes Gefühl, wenn ich in die Zukunft blicke. Es gibt mir Kraft und Mut, und ich habe wieder einen echten Grund weiterzumachen und nicht nur zu funktionieren und stark zu sein für Malea. Es ist nicht so, dass Kiana für mich Alia ist, aber ich sehe in ihr ein wenig Alia. Sie wird auch bestimmt später die Kleidung ihrer beiden grossen Geschwisterchen tragen. Die Babykleidung hatte ich bereits weggegeben, daher musste ich neue Sachen kaufen, aber wenn sie älter wird, dann darf sie dieselben fröhlichen Kleidchen anziehen, wie bereits Malea und Alia zuvor. Ich habe also nicht das Gefühl bekommen, ich habe eine zweite Alia zur Welt gebracht, sondern ich habe unsere Familie mit einer dritten Tochter komplettiert.

Auch nachdem wir umgezogen sind in das neue Haus, in dem wir ein Zimmer für Alia vorgesehen hatten, das sie leider niemals beziehen konnte, hatte ich nie das Gefühl, dass Kiana ihren Platz einnahm. Vielleicht erleichtere es der Umstand, dass wir das Zimmer niemals eingerichtet hatten, und somit konnten wir für Kiana tatsächlich ihr eigenes Reich schaffen, ohne vorher die Sachen von Alia wegschaffen zu müssen. Wir verwendeten das Zimmer einstweilen als Art Abstellkammer für alles Mögliche, wofür wir zuvor noch keine Ecke im neuen Haus gefunden hatten. Für uns war klar, dass es dann das Zimmer für unsere dritte Tochter werden sollte und wir es für sie komplett neu ausstatten würden. Kiana kam also in ein Zimmer, das nie bewohnt war. Sie hatte ihren eigenen und für sie eingerichteten Platz bei uns. Genauso, wie wir für Alia einen Platz eingerichtet hatten, an dem ihre Sternen-Urne nun steht.

Wir haben im neuen Haus eine grosse Diele, die wir nun für die Gedenkstätte von Alia vorgesehen haben. Aber nicht nur im neuen Haus konnten wir ihr einen Erinnerungsplatz schaffen. Wir wollten einen öffentlich zugänglichen Ort schaffen, an dem auch andere Menschen immer und wenn es für sie richtig war, Alia gedenken könnten. Eine symbolische Grabstätte sozusagen, die wir aber nicht auf dem Friedhof sahen, sondern in der Natur. So durften wir auf einem Grundstück, das Alias Grossvater gehört und ganz in der Nähe von jenem Ort ist, an dem wir zuvor gewohnt hatten und wo das tragische Unglück passierte, einen Baum für sie pflanzen. Eine unglaublich schöne Geste, wenn aus einem verlorenen Leben ein neues wächst. Es sollte das Sinnbild für Hoffnung und Trost werden, an dem sich die Menschen versammeln können, um mit Alia zu sprechen, wann immer es ihnen danach zumute ist. Am gleichen Ort hatte auch Alia immer gespielt, und nun würde ein Baum an ihr viel zu früh erloschenes Leben erinnern. Auch ein Bänkchen haben wir aufgestellt, das zum Verweilen und Gedenken an unsere süsse kleine Bohne einladen soll.

Es ist wundervoll mitanzusehen, wie sehr dieser Platz angenommen wird von allen. Immer wieder finden sich dort Menschen ein, die einen Moment lang innehalten wollen, um mit Alia alleine sein zu können und um sie ein Stückchen in der eigenen Gegenwart zu spüren. In der Natur, dem satten Grün der Wiese, in dem Alia immer so gerne herumgetobt hatte und in den starken Wurzeln des Baumes. Ein Kraft- und Ankerplatz, der auf wundervolle Weise an meine Tochter erinnern lässt. Ich gehe ab und zu dorthin, um zu sehen, welch schöne Gesten die Menschen Alia entgegenbringen. Oft lassen sie die wundervollsten Blumen für sie dort oder bringen ihr andere Sachen oder Spielsachen mit. Es ist schön zu sehen, dass sie nicht vergessen wird und von so vielen Menschen geliebt wurde und auch immer noch wird. Ich habe Alia bei mir zuhause und in meinem Herzen. Daher sieht man mich nicht jede Woche auf der Bank im Grünen sitzen. Es soll mehr eine Möglichkeit für all diejenigen sein, die ihr sonst nicht gedenken können und keine Erinnerungsecke zuhause haben.

Aber immer zum Geburtstag von Alia, der sich nun bereits schon zum dritten Male jährte, lassen wir auf dieser Wiese gemeinsam Laternen steigen. Das ist dann der Tag, an dem besonders viele Sachen für Alia niedergelegt werden und das Mitgefühl der Menschen und die Liebe zu Alia ganz besonders spürbar ist.

Malea wollte anfangs nicht gerne dorthin gehen. Wenn wir einmal gemeinsam zum Baum gingen, dann wollte sie auch schnell wieder weg von diesem Ort. Sie hat mich einmal kurz gefragt, ob Alia dort beerdigt ist, wo der Baum stünde. Ich lasse meine grosse Maus noch etwas im kindlichen Denken, dass Alia im Himmel ist und mit den Engeln spielt. Für sie geht der Körper ja mit in den Himmel und diesen Gedanken möchte ich ihr noch nicht rauben. Sie weiss daher nicht, dass Alia in der Urne bei uns zuhause ist. Das möchte ich ihr zu diesem Zeitpunkt auch noch nicht erklären. Ich glaube, es könnte ein seltsamer Gedanke für ein kleines Kind sein, zu erfahren, dass Menschen nach ihrem Tod verbrannt und die Überreste und die Asche dann in Urnen abgefüllt werden. Das könnte sie vielleicht etwas abschrecken oder ihr Sorgen bereiten. Ein Umstand, der noch nicht für meine kleine Maus gedacht ist. Aber sie ist nun mittlerweile in der Schule im Religionsunterricht und wird bestimmt bald mit der einen oder anderen Frage auf mich zukommen. Nicht nur was das Thema Tod und Auferstehung betrifft, sondern natürlich auch hinsichtlich Begräbnis und Beerdigung sowie Verbleib der menschlichen Überreste. Sollte sie diesbezüglich dann langsam aufgeklärt werden und mir anfangen Fragen zu stellen, so werde ich ihr diese auch beantworten. Dann werde ich ihr sagen, dass wir Alia in der Urne bei uns zuhause haben und ihre Asche dort aufbewahren. Ich bin generell ein Mensch, der sehr offen und direkt über Dinge spricht und sie auch anspricht. Ich bin der Meinung, dass auch hier Ehrlichkeit sehr wichtig ist im Umgang mit der Situation, und so soll auch Malea einmal wissen, wo ihre Schwester tatsächlich ist. Ich gab ihr auch immer eine klare Antwort, wenn sie mich über den Unfallhergang gefragt hatte. Sie war ja dabei, sie hat alles mitbekommen, und ich wollte sie daher auch nicht belügen. Auch die Ärzte meinten, ich solle ihr die Wahrheit sagen und nichts schönreden oder ihr gar etwas verheimlichen. Sie würde es bestimmt merken, spätestens wenn sie älter wird und die Situation und das Geschehene dann besser einschätzen und beurteilen kann. Daher habe ich mit ihr immer offen und ehrlich darüber geredet, was an jenem Abend passiert ist. Sie hat mich auch des Öfteren nach gewissen Umständen gefragt, wieso Alia geblutet hätte, was in und mit ihrem Körper passiert sei in diesem und jenem Moment. Für ein kleines Kind muss sich der Anblick, der sich ihr an jenem Abend geboten hatte, noch viel schlimmer gewesen sein.

Die vielen Körperreaktionen, die sie sich noch nicht erklären kann, das Blut und das Erbrochene. Die Gerüche, die dabei entstehen und auch die komischen Geräusche. All dies muss für die kleinen Ohren, Nase und Äuglein ein entsetzlicher Umstand gewesen sein, der sich bestimmt eingeprägt hat. Wenn sie mir dann konkrete Fragen dazu stellte, habe ihr diese auch ehrlich beantwortet. Ich habe ihr die Dinge erklärt, den menschlichen Körper versucht auf ihre Art und Weise näherzubringen. Natürlich habe ich ihr immer kindgerechte Aussagen geliefert und nicht auf trockene und vielleicht brutale Weise alle Vorgänge erklärt. Aber ich war immer ehrlich zu ihr und wollte ihr nichts verbergen, sie würde es ohnehin einmal hinterfragen. Nur den Gedanken mit dem Verbrennen eines menschlichen Körpers und das Aufbewahren in einem Gefäss, den wollte ich ihr noch nicht mitgeben. Sie hat in ihren jungen Jahren ohnehin schon zu viel miterleben und mitansehen müssen, was absolut nicht für ihre heile, kindliche Welt bestimmt war. Daher möchte ich ihr zumindest ein kleines Stückchen noch die Unbeschwertheit der Kindheit lassen und ihr den Umgang mit dem menschlichen Körper nach dem Tod noch nicht auf ihrem Weg mitgeben.

Aber euch, liebe Lesende, euch würde ich so unendlich gerne noch etwas mitgeben am Ende meiner Zeilen und hoffe, ihr werdet irgendwann auch tatsächlich die Botschaft dahinter wahrnehmen können:

Schätze jeden Moment, den du mit deinen Liebsten gemeinsam verbringen kannst. Sei dankbar für jede Minute, die dir mit ihnen geschenkt wird und lebe jeden Augenblick bewusst im Wissen, es könnte jederzeit der letzte gewesen sein – selbst mit deinen Kindern! Du hast deinem Kind das Leben geschenkt, damit hast du aber gleichzeitig auch JA dazu gesagt, es – wenn nötig – bis zum Tode zu begleiten. Ich wünsche niemandem, so etwas erleben zu müssen. Sein Kind beim Sterben begleiten zu müssen, ist eine der schwierigsten Aufgaben, die wir in unserem Leben meistern müssen. Ich wünsche dir von Herzen, dass du niemals in diese Situation kommen wirst, wünsche dir aber auch gleichzeitig die unendliche Kraft, falls es einmal so weit sein sollte, dies durchzustehen! Der Kreislauf des Lebens schliesst sich irgendwann, und ich möchte, dass du dir dessen bewusst bist...

Stephanie Stadelmann, Dezember 2021

Printed by Amazon Italia Logistica S.r.l.
Torrazza Piemonte (TO), Italy

75533993R00067